| 개정판 |

대학생을 위한

자아성장과 심리

| 심호규 황혜원 |

양 성 원

머리말

어린 시절로 돌아가서 생각하면 "대학생"이라는 단어는 희망이었습니다. '과연 나에게 대학생이 되는 날이 올까?', '대학생이 되면 무엇을 할까?' 등의 생각을 하면서 힘들었던 어린 시절의 시간을 보냈습니다. 그러나 막상 가슴 벅차오르고 먼 희망이었던 '대학생'이 되어 보니, 희망보다는 또 다른 산을 넘어야 하는 막막함을 느끼게 됩니다. 어린 시절에는 그래도 나를 보호해주는 것들이 있었지만, 이제는 혼자서 책임을 지고, 해야 할 것들이 너무 많이 있음을 알게 됩니다.

하지만 이 시기를 너무 두려워하지 않아도 됩니다. 그토록 힘들게 느껴졌던 어린 시절을 잘 보내고 새로운 시기를 맞이한 것처럼 여러분은 지금의 시간 또한 잘 보내고 새롭게 성장한 자신의 모습을 마주할 때가 올 것이라 생각합니다.

따라서 이 책은 새로운 시작을 하는 대학생들에게 도움을 주기 위해서 만들었습니다. 이 책의 구성은 새로운 단계로 성장하기 위해서 자신의 마음을 좀 더 이해하고 그동안 발견하지 못했던 자신의 새로운 모습을 발견 할 수 있도록 도와주는 자기이해 영역과 불안하고 힘든 시기를 보내면서 누구나 경험할 수 있는 대표적인 심리적 문제가 무엇이고, 이를 해결할 수 있는 방법들은 무엇이 있는지를 살펴볼 수 있도록 구성하였습니다. 또한 앞으로 나만의 소중하고 멋있는 미래를 스스로 계획하고 만들어 갈 수 있도록 도움을 주고자 하였습니다.

이 책을 다시 수정·보완하면서 여러분이 새로운 시기를 맞이하고, 이 시기를 다른 시기보다 빛나고 아름답게 보낼 수 있기를 바라는 마음을 담았습니다. 이 책을 통해서 그동안 알지 못했던 자기 자신을 발견하고, 지금보다 더 멋진 다음 시기를 맞이하기 위한 준비를 할 수 있기를 바랍니다.

2021년 3월

우리 모두에게 올 따뜻하고 아름다운 봄기운을 기대하며

저자 일동

차 례

Contents

Chapter 01

청년기 발달

학습목표

1. 청년기의 발달 특징에 대해서 이해한다.
2. 에릭슨(Erikson)의 심리사회적 발달단계를 이해한다.

청년기란 자기에 대한 새로운 탐색기이다.
우리는 매듭을 풀면서 인생이란 밧줄을 알게 된다.

- A. Allport -

모든 것은 젊었을 때 구해야 한다. 젊음은 그 자체가 하나의 빛이다.
빛이 흐려지기 전에 열심히 구해야 한다.
젊은 시절에 열심히 찾고 구한 사람은 늙어서 풍성하다.

-괴테-

그대가
부모로부터 물려받은 것이 없고
하늘로부터 물려받은 것도 없는 처지라면

당연히 그대의 인생은
비포장 도로처럼 울퉁불퉁 할 수밖에는 없다.
그리고 수많은 장애물도 만날 것이며
고비와 위험도 늘 찾아올 것이다.

그러나 두려워하지 마라!
하나의 장애물은 하나의 경험이 될 것이고,
하나의 경험은 하나의 지혜가 되어 줄 것이니.
모든 성공은 언제나 장애물 뒤에서 당신이 오기를 기다리고 있다

-이외수 『하악하악』 중에서-

01

청년기 발달

1 청년기 발달의 특징

청년기란 20세 전후로 아동 · 청소년과 성인 발달 사이에 중간 다리역할을 하는 시기이다. 레빈손은 인간의 삶의 주기를 봄, 여름, 가을, 겨울 사계절로 비유하면서, 청년기를 여름으로 비유하였다. 여름은 다음 계절인 가을에 열매를 수확하기 위하여 많은 수고와 노력을 하는 시기이다. 이렇듯 청년기는 다음 시기의 삶을 위해서 다양한 탐색을 하고, 탐색을 통해서 자신 삶의 목표와 꿈을 정하고, 이를 실현하기 위해 노력하는 시기라고 할 수 있다.

청년기의 발달 특징은 다음과 같이 4가지로 크게 구분할 수 있다.

첫째, 청년기는 미완성에서 완성을 향해 가는 시기이다.

청년기 전 단계인 청소년 시기를 '질풍노도의 시기'라 한다. 이 시기에는 신체적 · 정서적 발달의 변화로 인해 큰 변화를 겪어내는 시기라고 할 수 있다.

신체적 발달의 변화로는 신체의 급성장과 함께 "제2차 성장"을 통해서 생식능력을 만들어가는 시기가 청소년 시기이다. 청년기에는 이러한 신체적 발달과 생식능력을 획득하여 완성하는 시기라 할 수 있다.

정서적 발달은 청소년 시기에는 자신에 대한 물음표를 가지고 변화무쌍한 감정의 경험으로 인해 정서가 매우 불안하다. 특히 청소년 시기에는 자신이 생각하고 꿈꾸는 '이상적인 자아'와 현재 실제로 자신이 가지고 있는 '현실적인 자아' 사이에 나타나는 차이가 크면 클수록 자아존중감이 낮아지고, 자아정체감의 혼란을 가져오게 된다. 또한 부모나 선생님 등으로부터 독립하고자 하는 욕구는 강하나 불안한 정서와 심리로 인해 완전한 독립이 어려운 단계라 할 수 있다. 이로 인해 부모나 학교, 사회로부터 일정한 보호를 받게 되고 여러 가지 행동에 제한적인 것이 많다. 그러나 청년기에는 부모로부터 독립하여 스스로 결정할 수 있는 자유의사 결정권을 획득할 수 있는 단계가 시작된다. 이 과정으로 통해 청소년기보다 뚜렷한 자아정체감을 갖게 되고, 자신의 행동에 대한 책임을 배우게 되고, 정당한 권리를 주장할 수 있게 된다. 사회적으로 보면, 투표권이 부여되어 사회에 자신의 뜻을 전달할 수 있다.

둘째, 청년기는 다양한 경험을 탐색하는 시기이다.

우리나라 청소년들은 '대학입시'라는 틀에 갇혀 지식이나 문화에 다양함을 경험을 하기가 어렵다. 그러나 청년기부터는 대학입시에서 요구하는 지식이 아닌 자신이 좋아하는 학문이나 지식을 쌓아갈 수 있다. 그뿐만 아니라, 대학생에서는 다양한 지식과 문화 등의 경험을 가지고 있는 친구와 교수님들을 만남을 통해 직간접적으로 다양한 경험을 하게 된다. 또한 학교에서 제공하는 있는 학과활동, 동아리활동, 인턴십, 현장체험 등을 통해 다양한 경험을 쌓을 수 있다.

경제적인 독립을 서서히 시작하는 단계이므로 다양한 아르바이트의 경험을 가질 수 있다. 이러한 경험을 통해서 단순히 돈을 버는 것으로 끝나는 것이 아니라 다양한 인간관계 경험을 넓히게 되고, 자신과 직업활동을 비교·탐색할 수 있는 기회로 삼을 수 있다. 「청소년보호법」으로 인해 제한받았던 공연이나 영화 관람의 폭이 넓어지고, 여행이나 국내외에 다양한 프로그램을 통해 외국의 문화와 생활 등을 경험할 수 있는 기회를 가질 수 있는 시기이다. 이러한 다양한 경험과 탐색은 다음 단계에서 새로운 자신을 만들어가는 데 중요한 자원이 될 수 있나.

셋째, 청년기는 다양한 갈등상황을 경험하는 시기이다.

청년기에는 청소년 시기보다 다양한 경험과 활동을 하다 보니, 그만큼의 다양한 갈등상황을 경험하게 된다. 심리적으로 '이상적인 자아'와 '현실적인 자아' 사이에서 더 깊은 차이나 새로운 차이를 발견함으로써 갈등상황을 경험하기도 한다. 이때 자신이 가지고 있는 노력과 자원을 찾아 갈등상황을 극복한다면 긍정적인 성숙과 함께 삶의 목표와 꿈을 갖게 된다. 사회적으로는 다양한 인간관계의 경험을 통해서 '나와 남의 다름'을 알게 되고, 이것이 갈등상황의 원인이 되기고 한다. 이때 나와 남의 다름을 인정하고 다른 사람에 대한 존중과 배려를 통해 갈등상황을 극복하는 경험을 한다면, 인간관계에서 성숙한 발달을 만들어가는 좋은 시기가 될 수 있다.

넷째, 청년기는 삶의 목표와 꿈을 위해 노력하는 시기이다.

청년기에 경험하는 다양한 경험은 자신의 삶의 목표와 꿈을 설계하도록 준비하는 일에 좋은 도움을 될 수 있다. 이때 세운 목표와 꿈은 다음 단계로 진입하는 데 '희망'이라는 긍정적인 힘이 될 수 있다. 또한 자신의 삶을 스스로 만들어가는 좋은 시작이 된다.

2 에릭슨(Erikson)의 심리사회적 발달 단계

에릭슨은 한 사람이 일생을 살면서 8단계의 중요한 위기와 갈등을 통해서 성장하고 발달한다고 한다. 8단계는 부모와 사회적 환경에 영향을 받으며, 각 단계마다 위기와 갈등을 만족스럽게 해결하면 긍정적인 성장과 발달을 하지만, 그렇지 못하면 다음 단계에 진입하는 데 어려움과 부정적인 결과를 얻게 된다고 한다. 에릭슨의 8단계는 다음과 같다.

1단계: 신뢰감 대 불신감(0~1세)

1단계는 0~1세에 나타난다. 사람은 이 세상에 처음 태어나면, 누군가의 도움 없이는 살아갈 수가 없다. 이 시기에 생존에 필요한 모든 도움을 어머니 또는 양육자에게 의존하게 된다. 주된 양육자가 동일한 사랑과 안정감을 주고 신체적으로 필요한 것을 즉각 반응하고 도와주면, 아이는 주위에 있는 사람과 세상을 신뢰하는 긍정적인 결과를 가져온다. 그러나 반대로 주 양육자가 동일한 사랑과 안정감을 주지 않고 자신이 생존에 필요로 하는 것들을 제때에 공급받지 못한다면 아이는 자기 주변과 세상에 불신감을 갖게 된다. 이 시기에 획득하게 되는 신뢰감과 불신감은 자아발달 과정에 가장 기본이 된다.

2단계: 자율성 대 의심 및 수치심(2~3세)

2단계는 2~3세에 해당된다. 그동안 자신의 모든 것을 부모 또는 주양육자에게 의존했던 아이는 다양한 신체적 및 정신적 능력을 발달시키는 과정을 만나게 된다. 이때 아이들은 부모에게 그동안 의존했던 경험에서 나와 스스로 무엇가를 해보려고 시도하고자 한다. 이때 자신이 하고자 하는 일에 통제를 하면 "아니야." 등의 거부적인 표현을 한다. 이것은 바로 본능적인 욕구와 사회적 규칙 사이에 갈등을 나타내는 것이다. 따라서 이 갈등상황을 잘 극복할 수 있도록 긍정적인 가르침을 한다면, 자기 의지를 잃어버리지 않고 사회적 규제에 잘 적응하게 된다. 그러나 아이가 자신의 의지를 연습하도록 허용되지 않으면 아이가 하고자 하는 의지가 좌절되고 위협받게 된다. 이렇게 되면, 아이는 다른 사람과의 관계에서 수치심을 느끼고 자신의 능력에 대하여 의심하는 부정적인 측면이 발달한다.

3단계: 주도성 대 죄의식(3~5세)

3단계는 3~5세에 해당되며, 이 시기에 아이는 전 단계에서 형성된 자율성을 기본으로 스스로 자신이 어떤 행동할 것인가를 생각하고 성취하고자 한다. 이 단계에서 주 양육자가 자신의 권위를 아이에게 내세우기보다는, 아이가 하고자 하는 활동에 적극적으로 참여하고 도와준다면 아이의 주도성은 보다 현실적이고 사회적으로 허용된 목표를 달성할 수 있게 발달된다. 또한 아이는 어른들이 갖는 책임감과 도덕성을 발달시킨다. 그러나 아이가 원하는 것보다는 부모가 원하는 방향으로 아이의 활동을 통제하거나 스스로 무언가를 할 수 있는 기회를 제공받지 못한다면, 아이는 죄책감을 갖게 되며, 자신이 무언가를 스스로 할 수 행동을 억제할 수 있다.

4단계: 근면성 대 열등감(8~11세)

4단계는 8~11세까지 해당된다. 이 시기는 가정보다는 학교와 학원 등에서 생활을 하면서 자신이 가지고 있는 호기심을 통해서 다양한 지식과 문화 등을 배우게 된다. 이때 아이가 자신이 하는 일에 열정을 가지고 수행하고, 이를 통해서 일의 즐거움 갖게 되며 성취감과 근면성이 발달된다. 그러나 반대로 아이가 노력한 것에 대해 비난을 받거나 야단맞고 거절당하면, 아이는 열등감을 발달시키게 된다.

5단계: 자아정체감 대 역할혼돈(12~18세)

5단계는 12~18세로 청소년기이다. 이 시기는 "나는 누구인가?"에 의문을 갖고 이에 대한 답을 찾으려고 노력하는 시기이다. 이러한 노력의 과정을 통해서 자아정체감을 형성하게 된다. 이때 자아정체감을 형성하면, 자신감을 가지고 다가오는 성인기를 맞이할 준비를 하게 된다. 그러나 정체감을 성취하는 데 실패하고 정체감 위기를 경험한 사람은 역할혼돈을 보인다.

6단계: 친밀감 대 고립감(청년기)

성인 초기로서 청소년 말기에서부터 성인 중기가 시작할 때까지의 기간에 해당된다. 이 시기는 5단계에서 자아정체감을 잘 형성했다면, 다양한 사람들과 친밀함을 발달시킨다. 성인 초기에 개인은 자기상실에 대한 두려움 없이 자신의 정체감을 누군가의 정체감과 융합시킬 수 있어야 한다. 그러나 이 단계에게 다양한 사람들과 친밀감을 형성할 수 없게 된다면, 고립의 상태에 빠진다.

7단계: 생산성 대 침체감(중년기)

7단계인 중년기는 대략 35~50세까지로 이 시기는 자녀를 낳아 양육하고, 이들을 가르치고, 다음 세대가 살아가게 될 사회에 관심을 가지고 활동에 참여하게 된다. 이러한 적극적인 모든 활동에는 생산성이 있다. 그러나 중년 시기에 여러 가지 사정으로 인해 생산적인 활동이 개인에게 나타나지 않으면, 그 사람은 우울감, 침체감, 권태, 대인관계가 약화되게 된다.

8단계: 자아통합 대 절망감(노년기)

노년기에는 자아통합이나 절망의 상태에 있는 자신을 발견한다. 이 시기에는 자신의 삶을 되돌아보며, 마지막 평가를 하는 시기이다. 이때 자신의 삶에 대한 긍정적인 부분과 부정적인 부분에 대하여 평가를 한다. 이 평가를 하는 시기에 갈등이 나타나곤 한다. 이러한 갈등을 극복하고 자신의 전체의 삶의 대하여 나름의 의미를 찾고 있는 그대로 받아들인다면, 자아통합을 하게 된다. 그러나 자신의 삶을 수용하지 못하고 나름의 의미를 찾지 못한다면 절망감에 빠져 매우 고통스러워한다.

Worksheet 1

주제	내용
현재 나를 성인이라고 생각하는 이유는 무엇인가?	
나는 어떤 성인으로 성장하고 싶은가?	
성인으로 내가 가진 권리를 무엇인가?	
성인으로 내가 책임져야 할 것은 무엇인가?	

______________학과 ______________________학번 _____________이름

Worksheet 2

● 각 단계를 떠오르는 긍정적인 경험과 부정적인 경험을 적어보세요.

	긍정적인 경험	부정적인 경험
아동기		
초등학교		
청소년기		

● 현재 나는 어떤 사람인가?

______학과 ______학번 ______이름

20대들이 힘들 때 용기를 받는 명언 Best

01

후회하기 싫으면 그렇게 살지 말고,

그렇게 살 거면 후회하지 마라.

02

인생은 곱셈이다.

어떤 찬스가 와도, 내가 제로면

아무런 의미가 없다.

03

네가 모든 사람을 사랑할 수 없듯이,

모든 사람이 너를 사랑할 수도 없다.

04

꿈에 눈이 멀어라.

시시한 현실 따위 보이지 않게.

05

내 안에 빛이 있으면, 스스로 빛나는 법이다.

06

내가 세상에 태어났을 때,

나만 울고 세상 사람들이 미소지었으며,

내가 세상과 이별할 때,

나만 미소짓고, 세상 사람들이 슬퍼하는

삶을 살아라.

-인디언 속담-

07

넌 죽고 싶은 게 아니라,

그렇게 살기 싫은 거겠지.

08

상상할 수 없는 꿈을 꾸고 있다면,

상상할 수 없는 노력을 해라.

02

Chapter

나의 마음 찾아보기

학습목표

1. 프로이드(Freud)의 발달이론을 이해한다.
2. 방어기제를 이해한다.
3. 자신이 사용하는 방어기제는 무엇인지를 알아본다.

마음속 메아리

마음에도
메아리가 있나 봐요.
누군가를 향해
미워!
구름 뒤에 숨어서 소리쳤는데도

나도 너 미워!
씰룩씰룩 화난 목소리
금방 천둥처럼 되돌아옵니다.

마음에는 정말
메아리가 있나 봐요.

미안해!
아주 조그맣게 실바람에게 속삭였는데도

나도 미안해하며 웃는 얼굴
환한 햇살 되어 되돌아오니 말이에요.

-한현정 아동문학가-

02 나의 마음 찾아보기

1 프로이드(Freud)의 발달이론

심리학자인 프로이드는 "인간의 모든 행동에는 이유가 있다"고 하였다. 인간은 본능적으로 자신에게 부족한 부분을 충족하고자 할 때 행동을 하게 된다. 프로이드 관점으로 볼때 인간의 모든 행동은 자신이 알 수 없는 무의식으로부터 나온다고 할 수 있다. 따라서 프로이드의 이론에 따르면, 자기 자신에 대하여 이해를 하기 위해서는 자신의 모든 행동의 원인이 되는 무의식을 발견하는 것이라고 하였다.

1) 기본개념

(1) 마음의 구조

프로이드는 인간의 마음 구조에는 무의식, 전의식, 의식이 있다고 하였다.

무의식은 마음 가장 깊은 곳에 있는 중요한 부분이며, 의식 밖에 있기 때문에 지각하지 못하는 상태에서 인간의 말과 행동에 영향을 미치는 영역이다.

전의식은 흔히 '이용 가능한 기억'이라 한다. 전의식은 일반적으로는 지각하거나 경험하지 못하지만 조금만 자극을 받거나 노력하면 의식할 수 있는 경험을 말한다.

의식은 평소 인간이 조금의 주의를 가지면 지각하거나 느끼는 모든 경험을 말한다.

(2) 성격의 구조

프로이드는 성격의 구조가 원초아(Id), 자아(Ego), 초자아(Superego)로 구성되어 있다고 보았다. 각각의 구조는 다음과 같은 특징이 있다.

원초아(Id)는 태어날 때부터 갖게 되는 것으로 본능을 포함하고 있는 성격의 가장 기본적인 구조이다. 결과와 상관없이 즉각적으로 만족감을 갖는 것을 추구한다. 예를 들어, 인간에게 생존을 위해 가장 필요로 하는 의식주(衣食住)와 같은 생물학적 욕구와 성적욕구를 말한다.

자아(Ego)는 본능적인 원초아와 초자아 사이에서 갈등을 조정하고, 본능적인 충동을 통제하고 중재하는 역할을 한다. 즉, 자아는 현실에 요구에 따라서 즉각적으로 만족감을 추구하는 것을 지연하거나 다른 대체물을 찾도록 한다. 예를 들어, 심한 배고픔을 느끼더라도 현재 강의시간인 것을 알고, 수업 중에 식사를 하지 않고 견딜 수 있는 만큼 견디거나 수업시간에 방해가 되지 않는 간식거리로 대체하는 것이다.

초자아(Super ego)는 부모나 사회환경과의 상호작용을 통해 영향을 받은 사회규범, 가치관, 행동 등을 내면화되어 가는 과정에서 형성되는 것이다. 초자아는 양심(conscience)과 자아이상(ego－ideal)이라는 두 개의 하위체계로 구성된다. 양심은 잘못된 행동에 대하여 벌이나 비난을 받은 경험으로부터 가치체계를 내면화한 것이다. 자아이상은 바람직한 행동에 대하야 칭찬이나 보상에 대한 경험으로부터 가치체계를 내면화한 것이다.

2) 발달단계

프로이드는 다섯 단계의 발달단계를 제시하였다. 각 단계마다 필요로 하는 욕구가 충족되어야 한다. 만약 충족되지 못한다면 다음 단계로의 발달이 진행되지 않고, 그 단계에 머물러 있거나 전 단계로 되돌아가려는 경향이 생긴다고 하였다. 프로이드가 제시한 다섯 가지 발달단계는 다음과 같다.

(1) 구강기(0~2세)

구강기에는 리비도[1]가 입에 집중되어 있는 시기이다. 입으로 빨고, 삼키고, 깨무는 자극을 통하여 쾌감을 얻고 리비도의 욕구가 충족된다.

구강기의 적당한 자극은 타인과의 관계에서 공격성을 보이거나 탐욕적인 행동을 하지 않고 친밀감을 형성하는 수용적 행동이 나타난다. 그러나 구강

1) 성적 충동 에너지.

기에 욕구에 대한 만족이 너무 과다하거나 충분하지 못한 자극은 타인에게 의심 많고 의존적인 행동을 하는 미성숙함을 보일 수 있다. 또한 상대방을 험담하거나 감정을 상하게 하는 등의 공격적 행동이 나타난다.

(2) 항문기(2~3세)

항문기는 리비도가 항문에 집중되어 있는 시기이다. 이 시기에 배설을 통해서 유쾌한 긴장의 완화를 체험하고, 태어나서 처음으로 사회적 제제를 경험하게 되는 시기이기도 하다. 본능적인 욕구와 사회적인 규범 사이의 갈등이 나타나고, 이에 대한 결과가 성격형성에 중요한 영향을 미치게 된다. 이때 배변훈련과정에서 부모로부터 지나치게 엄격하고 강압적인 경험을 통해서 형성된 항문 보유적 성격은 자발성과 유연성이 부족하며 고집스럽고 강박적인 행동특성을 나타난다. 항문 공격적 성격은 무질서, 무절제, 낭비, 사치, 반항적, 공격적인 행동특성을 나타낸다.

(3) 남근기(4~5세)

남근기는 리비도가 자신의 성기로 옮겨간 시기이다. 이 시기에 남자아이는 이성의 부모, 즉 어머니에게 애착을 느끼며, 아버지에게는 경쟁자로 느끼는 현상이 나타나는데 이를 오이디푸스 콤플렉스라고 한다. 이와 반대로 여자아이에게 나타나는 반대의 현상을 엘렉트라 콤플렉스라고 한다. 이 시기에 남자아이는 아버지로부터 거세불안(castration anxiety)을 느끼게 된다. 이 불안에서 벗어나고자 아버지에 대한 적대감을 억압하고, 대신에 아버지의 태도나 행동을 동일시하는 방어기제를 사용한다. 여아는 이 시기에 남자아이처럼 남근이 없다는 것을 깨닫고 남근선망(penis envy) 현상이 나타나고, 어머니에 대한 적개심에서 벗어나고자 역시 어머니를 동일시하게 된다.

남근기의 발달이 성공적으로 달성되면 성역할의 동일시를 통하여 성정체감을 가질 수 있다. 반면, 이 시기의 욕구가 좌절되거나 과잉 충족되면 남아는 권위에 대한 과도한 두려움, 과다한 경쟁심리, 경솔과 과장이 나타나고, 여아는 유혹적이며 경박한 기질을 갖거나 자기주장이 과잉되게 표현하는 행동특성을 나타낸다.

(4) 잠복기(6~12세)

잠복기는 리비도가 무의식속에 억압되어 있어 성적으로는 안정상태를 유지하는 시기이다. 성적관심이 적어지는 반면 지적 활동과 사회적 활동이 발달하는 시기이다.

(5) 생식기(13세 이후)

생식기는 이성에 대한 관심이 시작되는 시기이다. 프로이드는 생식기 성격이 이상적인 성격이고, 이 시기에 경험이 긍정적일 경우 인간관계가 원만하고 책임감 있게 생활하며, 이타적이고 성숙한 사람의 행동특성을 나타낸다고 한다.

3) 방어기제

프로이드는 인간은 원초아, 자아, 초자아 사이에 갈등으로 인해 계속적인 불안을 갖게 된다고 하였다. 그러나 기본적으로 인간은 불안을 원하지 않는다고 보았다. 그래서 인간은 불안을 제거하거나 자신을 보호하기 위해서 심리적으로 다양한 방어무기를 사용한다. 이것을 프로이드는 방어기제라 한다.

현실생활에 잘 적응하는 사람이 불안을 줄이기 위해 융통성 있고 선택적으로 방어기제를 사용하면, 정신건강을 향상시키는 긍정적인 결과를 가져온다. 그러나 한두 가지 방어기제를 편중해서 사용하는 경우에는 부정적인 결과를 가져올 수 있다.

자신이 적절한 방어기제를 사용하고 있는지를 판단하기 위해서는 다음에 제시한 4가지를 살펴볼 필요가 있다.

1. 한 가지 방어기제를 사용하는지, 또는 여러 가지 방어기제를 사용하는지와 관련된 균형
2. 방어의 강도
3. 사용한 방어기제의 연령적합성
4. 불안이 사라졌을 때 사용한 방어기제를 철회할 수 있는 가능성

(1) 억압(repression)

억압은 불안에 대한 1차적 방어기제로 가장 흔히 쓰는 방어기제이다. 받아들일 수 없는 충격적인 현실경험, 스트레스를 발생시키는 생각, 욕망 등을 무의식 안으로 넣어버리는 것이다. 예를 들어, 아동이 자신을 학대하는 부모에 대한 강한 적대감을 스스로 자각하지 못하는 경우가 될 수 있다.

(2) 합리화(rationalization)

좌절과 실망을 느끼는 불쾌한 현실에서 불안을 느끼지 않으려고 그럴듯한 이유를 가지고 불안을 극복하고자 하는 것이다. 합리화는 비이성적인 행동을 합리적이고 정당한 것처럼 자신을 속이는 방어기제라 할 수 있다. 예를 들어, 낮은 시험성적에 공부를 하지 않은 자신의 모습을 반성하지 않고, 다른 이유를 제시하는 행동을 말한다.

(3) 반동형성(reaction formation)

마음의 기대나 생각, 행동에 반대되는 행동을 하는 것을 말한다. 예를 들면, 좋아하는 이성친구에게 자신이 좋아하는 감정을 들키게 될까봐 불안해서 좋아하는 감정의 행동과 반대되는 행동을 하는 것이다.

(4) 투사(projection)

자신의 가지고 있는 심리적인 속성이 다른 사람에게도 있는 것으로 생각하고 행동하는 것이다. 예를 들어, 자신이 라이벌로 느끼는 친구에게 가서 자신을 '라이벌로 생각해서 불편하니?'라고 물어보는 것을 말하는 것이다.

(5) 행동화

무의식적인 욕구와 충동을 지연시키지 않고 즉각적인 말과 행동으로 표현하는 것이다.

(6) 수동적 공격

타인에 대한 공격적인 행동을 수동적으로 자신에게 표현하는 것이다.

(7) 전치(displacement)

전혀 다른 대상에게 자신의 감정을 발산하는 것을 말한다. 예를 들어, 직장에서 느꼈던 불쾌한 감정을 집에 와서 부인이나 아이들에게 표현하는 행동이다.

(8) 승화(sublimation)

사회적으로 인정되는 형태와 방법을 통해 자신의 욕구와 갈등을 발산하는 것이다. 예를 들어, 정육점 주인이나 외과의사로서의 직업 선택에는 공격적 충동의 승화(사회화)가 작용할 수도 있다.

(9) 부정(projection)

고통을 주는 사실이나 경험에 대하여 아예 있지도 않았다는 듯이 그 현실을 완전히 차단하는 것을 말한다.

(10) 왜곡(distort)

어떤 사건이나 사실이 분명함에도 자신이 가지고 있는 부정적인 욕구에 따라 크게 변형시키는 것을 말한다.

(11) 동일시(identification)

자신에 대한 불완전한 모습을 회피하기 위해서 자신보다 월등한 사람의 가치관, 성격, 태도, 행동 등을 내면화하는 것이다. 예를 들어, 유명한 사람의 행동을 따라하려는 것을 말한다.

(12) 억제(suppression)

불안을 일으키는 경험이나 고통을 의식적으로 또는 특정 의도를 가지고 벗어나기 위해 노력하는 것이다. 예를 들어, 중요한 면접시험을 앞두고 떨리는 마음을 떨쳐내기 위해서 “잘 할 수 있다”고 외치거나 조용한 명상을 하는 행동이라 말할 수 있다.

(13) 이타주의

자신의 욕구만족을 포기하고, 다른 사람을 건설적으로 도와줌으로써 대리만족을 느끼는 것이다.

자기방어기제 유형검사

- 각 문항의 내용이 자신의 생각이나 행동에 얼마나 일치하는지를 체크해 주세요.

문항내용	전혀 그렇지 않다.	그렇지 않다.	보통이다.	그렇다.	아주 그렇다.
1. 가끔 이유 없이 다른 사람이 몹시 미워질 때가 있다.	1	2	3	4	5
2. 남의 좋은 행동을 보면 나도 그렇게 해보려고 한다.	1	2	3	4	5
3. 손님이 제발 가주었으면 하고 바라면서도 손을 잡는 척할 때가 있다.	1	2	3	4	5
4. 나는 화가 나면 운동으로 화를 풀곤 한다.	1	2	3	4	5
5. 나는 누구의 도움도 필요로 하지 않는 사람이다.	1	2	3	4	5
6. 누가 나에게 일을 시키면 나는 바쁜 척할 때가 있다.	1	2	3	4	5
7. 나는 화가 나더라도 웃는 낯으로 대하려고 애쓴다.	1	2	3	4	5
8. 기분이 울적할 때는 노래를 부르면서 마음을 달랜다.	1	2	3	4	5
9. 모르는 것이 약이니까 골치 아픈 일을 생각하지 않는 것이 좋다.	1	2	3	4	5
10. 친구 따라 강남 가듯 친구들의 행동을 따라하는 편이다.	1	2	3	4	5
11. 학교에서 기분 나쁜 일이 있으면 집에 와서 화풀이하는 경우가 있다.	1	2	3	4	5
12. 어려운 사람을 돕는 것이 나의 기쁨 가운데 하나이다.	1	2	3	4	5
13. 나와 비슷한 결점을 가진 사람을 보면 괜히 싫어진다.	1	2	3	4	5
14. 일이 잘 안 되면 다른 사람에게 신경질을 부리는 경우가 있다.	1	2	3	4	5
15. 어렸을 때 밤낮으로 끼고 다니던 인형이나 장난감이 있었다.	1	2	3	4	5

문항내용	전혀 그렇지 않다.	그렇지 않다.	보통 이다.	그렇다.	아주 그렇다.
16. 괴로운 일이 생기면 일을 열심히 하면서 잊어버리려 한다.	1	2	3	4	5
17. 만약 가족 중에 누가 심한 병에 걸린다면 그 일이 현실처럼 믿기지 않는 것 같다.	1	2	3	4	5
18. 누가 일을 재촉하면 일부러 꾸물거릴 때가 잇다.	1	2	3	4	5
19. 내가 거짓말을 했을 때는 그럴만한 이유가 있었기 때문이다.	1	2	3	4	5
20. 남과 다툴 일이 있어도 일단 기다렸다가 적당한 기회에 이야기한다.	1	2	3	4	5
21. 내가 마음먹기만 하면 이 세상을 바꾸어 놓을 수 있을 것 같다.	1	2	3	4	5
22. 나는 거절 당할까봐 남에게 부탁을 잘 하지 않는다.	1	2	3	4	5
23. 부모로부터 꾸중을 듣고 나서 동생에게 화풀이한 적이 있다.	1	2	3	4	5
24. 앞으로 있을 곤란할 때를 대비하여 미리 저축하는 편이다.	1	2	3	4	5
25. 내 주변에는 이유 없이 나를 미워하는 사람이 있다.	1	2	3	4	5
26. 남이 하는 대로 나도 덩달아 할 때가 있다.	1	2	3	4	5
27. 물건을 일단 사고 나면 항상 잘샀다는 생각을 한다.	1	2	3	4	5
28. 시험에 대비하여 평소부터 차근차근 준비하는 편이었다.	1	2	3	4	5
29. 나는 절대 병에 안 걸릴 것 같다.	1	2	3	4	5
30. 간혹 화가 나서 물건을 깨뜨리거나 부수는 경우가 있다.	1	2	3	4	5

문항내용	전혀 그렇지 않다.	그렇지 않다.	보통 이다.	그렇다.	아주 그렇다.
31. 손이 더러운 것 같아서 자주 씻는 편이다.	1	2	3	4	5
32. 마음이 괴로울 때는 책을 읽는다.	1	2	3	4	5
33. 내 잘못인 줄 알면서도 남을 탓하는 경우가 있다.	1	2	3	4	5
34. 누가 나의 행동을 저지하면 말없이 내 고집대로 한다.	1	2	3	4	5
35. 때로는 상대방을 좋아하면서도 싫어하는 척할 때가 있다.	1	2	3	4	5
36. 당장에는 뜻을 못 이루더라도 기회가 올 때까지 기다린다.	1	2	3	4	5
37. 남이 내 흉을 볼 것 같아 신경 쓰일 때가 있다.	1	2	3	4	5
38. 상대방이 싫으면 그가 하는 일을 은근히 훼방 놓는다.	1	2	3	4	5
39. 가끔 내 자신이 어떤 행동을 하고 있는지 모르는 경우가 있다.	1	2	3	4	5
40. 내 친구에게 어려운 문제가 생기면 어떻게든 도와주려고 애쓰는 편이다.	1	2	3	4	5
41. 내가 실수하면 좋아하는 사람이 있다.	1	2	3	4	5
42. 나는 상대방이 내 부탁을 거절하면 마구 떼를 쓰는 경향이 있다.	1	2	3	4	5
43. 내 주변에는 답답한 사람들이 많아서 내가 도와주어야 한다.	1	2	3	4	5
44. 가족 중에 누가 애를 먹일 때 나는 참고 기다린다.	1	2	3	4	5
45. 나를 나쁘게 말할 사람은 아무도 없다.	1	2	3	4	5
46. 화가 나면 이불을 뒤집어쓰고 밥을 먹지 않는다.	1	2	3	4	5

문항내용	전혀 그렇지 않다.	그렇지 않다.	보통 이다.	그렇다.	아주 그렇다.
47. 속으로는 자랑하고 싶지만 겉으로는 겸손하게 행동한다.	1	2	3	4	5
48. 만약 미아를 발견하다면 적극적으로 부모를 찾아주는 노력을 하겠다.	1	2	3	4	5
49. 만약 나에게 정치를 맡겨만 준다면 사회문제를 자신있게 해결할 수 있을 것이다.	1	2	3	4	5
50. 화가 나면 일부러 늑장을 부리거나 내 고집을 내세운다.	1	2	3	4	5
51. 상대방이 싫지만 겉으로는 위해주는 척할 때가 있다.	1	2	3	4	5
52. 나는 항상 참는 편이다.	1	2	3	4	5
53. 나는 사람들을 감화시켜서 올바른 사람으로 만든 적이 있다.	1	2	3	4	5
54. 사람들이 많이 모이는 모임에는 가고 싶지 않다.	1	2	3	4	5
55. 나는 내 행동에 대해 절대 후회하지 않는다.	1	2	3	4	5
56. 마음이 복잡할 때는 친구들을 만나 떠들고 이야기하면서 푼다.	1	2	3	4	5
57. 이 사회에서 나는 없어서는 안 될 중요한 인물이다.	1	2	3	4	5
58. 영화를 보고 나서 영화 속의 주인공이 했던 것처럼 해보고 싶어진다.	1	2	3	4	5
59. 특별한 이유 없이 엘리베이터나 어두움, 동물 등이 두려울 때가 많다.	1	2	3	4	5
60. 길에서 어떤 사람이 깡패에게 맞고 있다면 어떻게든 돕겠다.	1	2	3	4	5

<table>
<tr><th colspan="2">방어기제 사용수준</th><th>하위척도</th><th>문항번호</th><th>점수</th></tr>
<tr><td rowspan="9">부적응적
방어유형</td><td rowspan="3">1. 자아도취적 수준
(갈등 회피적)</td><td>투사</td><td>1, 13, 25, 33, 37</td><td></td></tr>
<tr><td>부정</td><td>5, 9, 17, 29, 45</td><td></td></tr>
<tr><td>왜곡</td><td>21, 41, 49, 53, 57</td><td></td></tr>
<tr><td rowspan="3">2. 미성숙 수준</td><td>동일시</td><td>2, 10, 26, 38, 58</td><td></td></tr>
<tr><td>수동공격</td><td>6, 18, 34, 46, 50</td><td></td></tr>
<tr><td>행동화</td><td>14, 22, 30, 42, 54</td><td></td></tr>
<tr><td rowspan="3">3. 신경증적 수준
(자기 억제적)</td><td>반동형성</td><td>3, 7, 35, 47, 51</td><td></td></tr>
<tr><td>전치</td><td>11, 15, 23, 31, 59</td><td></td></tr>
<tr><td>합리화</td><td>19, 27, 39, 43, 55</td><td></td></tr>
<tr><td rowspan="3">적응적
방어유형</td><td rowspan="3">4. 성숙수준</td><td>승화</td><td>4, 8, 16, 32, 56</td><td></td></tr>
<tr><td>이타주의</td><td>12, 28, 40, 48, 60</td><td></td></tr>
<tr><td>억제</td><td>20, 24, 36, 44, 52</td><td></td></tr>
</table>

Worksheet 1

주제	내용
내가 주로 사용하는 방어기제는 무엇인가?	
주로 사용한 방어기제는 언제부터 사용하였는가?	
내가 주로 사용하는 방어기제의 긍정적인 결과를 가져다 준 것은 어떤 것이 있는가?	
내가 주로 사용하는 방어기제 중에서 부정적인 결과를 가져다 준 것은 어떤 것인가?	

________________학과 __________________________학번 _______________이름

Chapter 03

자아(self)이해 1

학습목표

1. 자기이해의 중요성을 이해한다.
2. 자아개념에 대하여 학습한다.
3. 자아존중감에 대하여 학습한다.

자신을 사랑하는 법을 아는 것이

가장 위대한 사랑입니다.

- 마이클 매서 -

믿음이 부족하기 때문에 도전하기를 두려워 하는바

나는 스스로 믿는다.

- 무하카드 알리 -

03

자아(self)이해 1

1 자기이해

현재를 살아가는 사람들에게 필수품 중에 하나로 스마트폰이 있다. 현대인에게 스마트폰이 필수품 중에 하나가 되는 이유는 스마트폰이라는 하나의 기기를 통해서 전화를 걸고 받고, 뉴스와 날씨를 검색하고, 다양한 문화생활을 할 수 있도록 티켓예매를 도와주고, 길을 찾게 도와주는 다양한 기능을 갖고 있기 때문이다. 하지만 스마트폰을 가지고 사용하는 사람들 중에서는 스마트폰의 유용한 기능을 100% 활용하여 사용하는 사람은 많지 않다. 그 이유의 대부분은 스마트폰의 유용한 기능을 잘 알지 못해서 사용을 못하는 경우가 많이 있다.

청년기에는 직업과 결혼을 준비하고 만들어가는 것에 대한 다양한 탐색이 필요한 시기이다. 다양한 탐색을 하기 위한 전제조건으로 먼저 시작되어야 하는 것이 자기 자신에 대한 이해이다. 자기 자신에 대한 이해가 제대로 이루지지 않는다면, 행복한 삶으로 자신을 이끌어갈 수 있는 다양한 기능을 충분히 활용하지 못하게 되는 어리석음을 경험할 수 있기 때문이다.

자기이해에 도움이 되는 심리학적 개념들을 다음에서 살펴보도록 하겠다.

1) 자아개념

자아개념(Self-concept)은 자기지각, 즉 자기 자신에 대하여 어떻게 느끼고 생각하는가에 대한 평가적 의미의 개념을 말한다. 자아개념은 자기에 대한 여러 가지 인지적 신념의 집합체이며, 자신의 신체적 특성, 개인적 능력, 성격적 특성, 가치관, 역할, 흥미, 사회적 지위 등을 포함한 '나'에 대한 지각과 판단을 의미한다.

자아개념은 "나는 누구인가?" 질문에 답을 찾아가는 주체로서 '나'와 나를 관찰하는 타인들로부터 자아개념을 형성할 수 있다. 즉, 우리는 자신을 다른과 사람과 구별되는 독특한 존재로 인식함과 동시에 사회적 관계 속에서 자신에 대한 타인의 인식과 평가에 의해 가지개념을 형성해 나간다.

(1) 자아개념의 구성요소

자아개념의 구성요소에는 다음과 같이 4가지가 있다.

첫째, 자아개념의 구성요소에는 인지적 자아개념이 있다.

인지적 요소는 자기 자신을 주관적인 의견이나 생각 없이 객관적으로 증명할 수 있는 것을 말한다. 자신의 역할, 능력, 태도, 지위 등의 전체적인 자아개념이다. 인지적 요소는 개인의 중요도에 따라 서열화할 수 있으며, 상황과 기억, 경험, 느낌에 따라 서열화가 변할 수 있다. 예를 들어, 예전에는 자신이 중요하게 생각하는 인지적 구성요소가 능력과 지위였다면, 현재에는 개인의 경험을 통해서 중요순위가 다른 것으로 변경될 수 있음을 말한다.

둘째, 자아개념의 구성요인에는 일시적 자아개념이 있다.

순간적인 경험이나 느낌을 통해서 갖게 되는 일시적인 자아개념을 말한다. 예를 들어, 평소에는 부정적인 자아개념을 자기고 있었으나 어떤 대회에서 상을 받거나 자신이 원하는 자격증을 취득하게 되는 경험을 하게 되면, 일시적으로 긍정적인 자아개념을 가질 수 있다.

셋째, 자아개념의 구성요인에는 평가적 자아개념이 있다.

평가에 대한 구성요소는 다른 사람들이나 사회적 가치와 판단으로 나를 어떻게 평가하고 있는지를 지각하는 것을 말한다. 청년기에는 자기 자신에 대한 평가결과가 또래집단과 사회적 상호작용 등을 통해서 이루어지는 경우가 많다.

넷째, 자아개념의 구성요소에는 이상적인 자아개념이 있다.

이상적인 자아개념은 자기 자신이 '이랬으면 좋겠다'라는 바람이 담겨져 있는 개념이다. 이상적 자아개념이 인지적 자아 개념보다 지나치게 낮을 경우 하고 싶은 욕구나 성취욕이 없게 된다. 그러나 반대로 이상적 자아개념이 지나치게 인지적 자아개념보다는 높을 경우 심한 좌절감과 패배감을 갖게 된다.

(2) 자아개념 형성에 영향을 주는 요인

자아개념은 한 시기에 갑자기 발달하는 것이 아니라, 출생에서 죽음에 이르기까지 진행한다. 자아개념 형성에 영향을 주는 4가지 요인은 다음과 같다.

첫째, 자신의 행동을 관찰하면서 자아개념을 형성해 나간다.

매일 아침 일정한 시간에 일어나는 사람은 자신을 부지런한 사람이라고 생각할 수 있고, 주어진 과제나 일을 정해진 시간 내에 끝까지 완성하는 사람은 책임감 있는 사람이라고 생각할 수 있다.

둘째, 자신의 행동을 타인과 비교하면서 자아개념을 형성해 나간다.

셋째, 중요한 타인의 피드백을 통해서 자아개념을 형성해 나간다. 로저스는 어린 시절의 자아개념은 주로 부모님으로부터 형성해 나간다고 하였다. 그 후 청소년에서 청년기는 또래집단의 피드백을 통해서 자아개념을 형성해 나간다. 피드백을 제공하는 타인이 긍정적인 피드백을 주면 자아개념 형성에 긍정적인 자아개념을 형성을 하는 영향을 줄 것이며, 그렇지 않은 부정적인 자아개념을 형성하는 데에 영향을 줄 것이다.

넷째, 자신이 살고 있는 사회의 문화적 고정관념이 자아개념 형성에 중요한 요인이 될 수 있다.

2) 자아존중감(self-esteem)

자아존중감은 자기 존재에 대한 긍정이냐 부정이냐의 감정적인 평가를 말한다. 반두라는 자아존중감을 인간의 기본욕구로 보았으며, 매슬로우는 인간이 삶에 적응하는 데 필요로 하는 중요한 요인으로 보았다. 자아 존중감의 기본욕구를 잘 충족한 사람은 자기 자신을 가치 있다고 인정하고, 자신의 유능성을 믿게 된다. 그러나 반대로 자아존중감의 기본욕구를 충족하지 못한 사람은 자신에 대한 존재에 대한 가치를 모르기 때문에 열등감을 가지고 있으며, 자신을 소중하게 다루지 않는 경향이 많이 있다.

자아존중감은 심리적 행복감과 정신건강에도 영향을 미친다. 자아존중감이 높은 사람은 어떤 일을 할 때, 자신에 대한 긍정적인 기대와 노력을 통해서 얻게 되는 성취경험을 갖게 된다. 성취경험을 통해서 자신에 대한 긍정적인 감정을 지속적으로 유지하게 되고, 자신과 자신의 삶에 대한 만족감과 행복감을 갖게 된다. 그러나 자아존중감이 낮은 사람은 자신에 대한 부정적인 기대를 가지고 있기에 어떤 일을 할 때 쉽게 포기하게 되고, 이로 인해 성취경험보다는 실패경험을 더 많이 갖게 된다. 이러한 경험은 자기 자신에 대한 부정적인 감정을 지속적으로 가지게 되고, 이로 인해 불안, 우울, 소외감 등과 같은 부정적인 정서를 가지게 된다.

높은 자존감을 가진 학생 vs 낮은 자존감을 가진 학생

	높은 자존감을 가진 학생	낮은 자존감을 가진 학생
안정감	• 새로운 과제에 의욕적으로 접근 • 학교에서 편안함을 느낌 • 권위에 대해서 편안히 느낌 • 교사의 관심을 적절하게 구함 • 세상을 대체로 긍정적으로 조망	• 새로운 과제를 두려워함 • 학교에 있는 것이 불편하고 불안함 • 권위에 저항하거나 도전함 • 잘못된 행동으로 관심을 구함 • 비현실적인 두려움을 표현함

	높은 자존감을 가진 학생	낮은 자존감을 가진 학생
정체감	• 느낌, 의견, 생각을 자유롭게 표현 • 분명하게 알기 위해서나 정보를 구하기 위해 기꺼이 질문함 • 관심의 범위가 넓음 • 비평이나 자신과 다른 의견에 대해 화내거나, 적대시하거나, 방어하지 않고 수용함	• 느낌, 의견, 생각을 밝히기를 꺼려함 • 질문하기를 주저함 • 관심사가 적음 • 비평과 자신과 다른 사람의 의견에 극도로 민감함
소속감	• 다른 사람의 감정에 민감함 • 자신감 있게 다른 사람들과 상호작용함 • 성취한 것을 있는 그대로 보여줌 • 소유물로 또래지위를 얻으려 하지 않음 • 타인의 성취를 인정 • 확고한 우정을 유지	• 다른 사람의 감정을 무시함 • 자신을 격리시키거나 관심을 얻기 위해 과시함 • 성취에 대해 뽐냄 • 소유물을 이용하여 다른 사람이 자신을 받아들이게 하려함 • 우정을 형성하기도 유지하기도 어려움
목적의식	• 장애물에 직면했을 때 도움을 구함 • 자신이 방향을 설정하고 목적 지향적임 • 배우고 행하는 것에 관심과 열정을 보임 • 높은 기준을 세우고 열심히 공부함	• 쉽게 포기함 • 독립심과 방향감을 거의 보이지 않음 • 지루해 보임 • 노력을 거의 하지 않음
유능감	• 자신이 할 수 있는 일에 자부심을 느낌 • 책임감을 수용하고 지도자의 위치를 취함 • 자신의 성공을 인정함 • 자신의 강점과 약점을 인정하고 수용함	• 자신이 할 수 있는 것도 다른 사람에게 해 달라고 요청함 • 책임을 지지 않으려 함 • 성공을 운이나 우연으로 돌림 • 자신의 강점과 약점을 알지도 못하고 약점을 수용하지도 않음

출처: 한국사회복지데이터센터.

(1) 자아존중감을 향상시키는 방법

첫째, 낮은 자존감을 갖게 되는 원인을 찾는 것이다. 하터는 단순히 자아존중감을 높이기 위해서 격려하는 것보다는 낮은 자아존중감을 갖게 되는 원인을 이해하는 것이 필요하다고 하였다. 또한 자신이 중요하다고 생각하는 분야에서 능력을 발휘할 때 높은 자아존중감을 갖게 되므로 자신이 중요하게 생각하고 잘할 수 있는 분야를 찾는 것이 중요하다고 하였다.

둘째, 정서적 지지와 사회적 인정이 자아존중감 향상에 중요한 요인이 된다. 자신을 정서적으로 따뜻하게 지지하고 인정해주는 사람들과 친밀한 관계를 형성하는 것이 자아존중감 형성에 도움이 될 수 있다. 또한 청년기에는 사회적 관계망을 통해서 지원받고 인정받을 수 있는 경험을 갖는 것도 자아존중감 향상에 중요한 요인이라 할 수 있다.

셋째, 성취경험이 자아존중감 향상에 도움이 된다. 앞에서도 말했듯이, 성취경험을 가지게 되면 자신에 대한 긍정적인 감정을 갖게 된다. 이러한 성취경험의 반복이 많을수록 자신에 대하여 만족감을 높이지게 되고, 자신의 유용한 가치를 갖게 되는 자아존중감이 향상될 수 있다. 그러므로 자신이 할 수 있는 적절한 목표를 세우로 실행해서 다양하면서 많은 성취경험을 갖는 것이 필요하다.

넷째, 자아존중감은 문제해결과정을 통해서 향상될 수 있다. 해결해야 할 문제에 직면하고, 현실적으로 이를 해결하는 과정을 통해서 자신의 유능성을 알게 되며, 이러한 긍정적인 느낌이 자아존중감 향상에 도움이 될 수 있다.

■ 자아존중감 vs 자존심

자아존중감: 어떤 상황에서도 스스로에 대한 존중과 사랑이 굳건하게 지켜지는 마음

자존심: 상대와 평가를 통해 자기만족을 꾀하는 마음

■ 자존심이 생겨나는 5가지 상황

1. '누가 더 많이 가졌는가'에서 출발하는 소유
2. '내 상대보다 더 잘했는가'에서 시작되는 성취
3. '저 사람보다는 높은 자리에 있어야지' 하는 지위
4. 다른 사람들보다 아름답고 싶은 외모
5. '내 주위엔 훌륭한 사람이 많아'처럼 나를 돋보이게 해줄 인간관계

– 조세핀 킴의 『우리 아이의 자존감의 비밀』에서 –

Worksheet 1 자아개념

● 자아개념 구성요소에 따라 자기 자신을 어떻게 지각하고 있는지 작성해 보세요.

구성요소	내용
인지적 자아개념	
일시적 자아개념	
평가적 자아개념	
이상적 자아개념	

______________학과 ____________________학번 ____________이름

Worksheet 2 자아존중감

1. 자신이 생각하는 강점 5가지 이상 적어보기

2. 부모님, 친구 등에게 문자를 보내 자신의 강점이 무엇인지 3가지 이상 알아보기

주제	내용
자신이 생각하는 강점	
다른 사람들이 생각하는 나의 강점	
나와 다른 사람이 생각하는 공통적인 나의 강점은 무엇인가?	
다른 사람들로부터 새롭게 알게 된 나의 강점은 무엇인가?	

_______________학과 _______________________학번 ____________이름

자아존중감 척도(Self Esteem Scale: SES)

● 다음은 스스로에 대한 생각을 나타내는 문항들입니다. 여러분의 생각을 가장 잘 나타내는 곳에 ○표시하십시오.

문항	대체로 그렇지 않다	보통이다	대체로 그렇다	항상 그렇다
1. 나는 내가 다른 사람들처럼 가치 있는 사람이라고 생각한다.	1	2	3	4
2. 나는 좋은 성품을 가졌다고 생각한다.	1	2	3	4
3. 나는 대체적으로 실패한 사람이라는 느낌이 든다.	4	3	2	1
4. 나는 대부분의 다른 사람들과 같이 일을 잘할 수가 있다.	1	2	3	4
5. 나는 자랑할 것이 별로 없다.	4	3	2	1
6. 나는 내 자신에 대하여 긍정적인 태도를 가지고 있다.	1	2	3	4
7. 나는 내 자신에 대하여 대체로 만족한다.	1	2	3	4
8. 나는 내 자신을 좀 더 존경할 수 있으면 좋겠다.	4	3	2	1
9. 나는 가끔 내 자신이 쓸모없는 사람이라는 느낌이 든다.	4	3	2	1
10. 나는 때때로 내가 좋지 않은 사람이라고 생각한다.	4	3	2	1

합계점수:　　　점

※ 점수가 높을수록 자아존중감이 높은 것을 의미한다.

어느 대학교수가 강의 중 10만 원 수표를 꺼냈습니다.
"이것을 가질 사람 손 들어 보세요!"
그러자 대부분의 사람들이 손을 들었습니다.

대학교수는 들고 있었던
수표를 손으로 마구 구기더니
다시 물었습니다.
"이것을 가질 사람 손들어 보세요!"
또 대부분의 사람들이 손을 들었습니다.

이제는 수표를 발로 밟고 더럽히더니
또다시 물었습니다.
"이것을 가질 사람 손들어 보세요!"
그래도 대부분의 사람들이 손을 들었습니다.

대학교수는 말했습니다.
"여러분들은 이 수표가 구겨지고 더러워져도
이 수표의 가치가 변하지 않는다는 것을
잘 알고 있군요."

우리가 살아가면서
어떤 것에 '가치'를 아는 것은 매우 중요합니다.
왜냐면, 어떤 것에 '가치'를 아는 순간
사람들의 마음이나 행동이 달라지기 때문입니다.
아무리 허름하고 겉모양이 볼품 없다 하더라도,
또는 시간이 지날수록 그 가치가 더 상승하는 물건을 보았다면,
자신의 일부를 희생하더라도 포기하지 않고
그것을 소유하고 끝까지 지켜내고자 합니다.

04
Chapter

자아(self)이해 2

학습목표

1. 자아정체감에 대하여 학습한다.
2. 자아효능감에 대하여 학습한다.

이 세상에서 가장 훌륭한 질문은 바로 이것이다.

'내가 이 세상에 살면서 가장 잘 할 수 있는 것은 무엇인가?'

- 벤저민 프랭클린 -

04

자아(self)이해 2

1 자기정체감

에릭슨은 자아정체감을 인간의 전 생애에 걸쳐 반드시 획득해야만 하는 특히 청소년과 청년기에 가장 중심적인 발달과업으로 보았다. 자아정체감은 "나는 누구인가?"라는 답을 찾는 것으로, 자아개념보다 더 구체적으로 자신이 가지고 있는 독특성을 찾아 지각하는 것이다.

1) 자아정체감의 의미

에릭슨의 이론에 근거한 자아정체감의 의미는 다음과 같다.

첫째, 자아정체감은 "~로서의 나"와의 통합감을 의미한다.

한 개인은 "남자로서의 나", "여자로서의 나", "○○학교 학생로서의 나"처럼 다양한 지위와 역할을 가지고 있다. "~로서의 나"와의 통합감은 자신이 가지고 있는 다양한 지위에 따른 역할들 간의 통합감을 의미한다. 즉, 다양한 지위와 역할을 수행함에 있어서 일관성과 통일성을 가지고 수행해 나가는 자아에 대한 실감(實感)을 의미한다.

둘째, 자아정체감은 과거, 현재, 그리고 미래에 이르는 연속감과는 일관성을 의미한다. 즉 인간이 과거와 현재, 미래를 살아가면서 일관된 '나'를 유지하는 것을 말한다. 이것은 자신과 타인에게 믿음을 주고, 정신적 안정감을 주며, 삶의 가치를 명료하게 할 수 있는 요인이 된다.

셋째, 자아정체감은 주체적인 자아(I)와 객체적인 자아(me) 간의 조화감을 의미한다.

자아는 내가 내 자신을 볼 때에 나(주체적인 자아)와 내가 다른 사람의 눈에 비쳐지고 있는 나를 지각할 때에 자아(객체적인 자아)로 구분할 수 있다. 주체적인 자아와 객체적인 자아와 조화를 이룬 사람은 자신의 존재감을 인식하고 다른 사람들과 원만한 인간관계를 가질 수 있다. 그러나 주체적인 자아가 지나치게 높은 사람은 자아도취적인 사람이라고 할 수 있고, 객체적인 자아가 지나치게 높은 사람은 자아의 상실을 경험하여 다른 사람의 시선과 평가에 민감하게 반응하는 사람이 될 것이다.

넷째, 자아정체감은 "나는 나다"라는 실존의미을 의미한다.

'~로부터의 나'가 아니라 '오직 나'라는 의미를 실존의미라 한다. '오직 나'

라는 실존의미는 절대적 자유를 지님과 동시에 '오직 나 혼자'라는 근원적인 소외감과 불안감을 가지고 있다. 인간은 소외감과 불안감을 극복하기 위해서 자기선택과 자기책임을 가져야 한다.

이러한 자아정체감의 네 가지 의미는 상호 밀접한 관계를 가지고 있다. 자아정체감을 폭넓게 이해하고 해석하기 위해서는 이 네 가지 의미가 중요한 도움이 될 수 있다(한상철, 2001).

2) 마르샤(Marcia)의 자아정체감

마르샤는 자아정체감을 '위기(crisis)'와 '관여(commitment)'를 근거로 자아정체감을 네 가지로 구조화하였다. '위기'란 어떤 문제에 대한 고민과 갈등을 경험하면서 의문과 방황을 하는 상태를 의미한다. '관여'는 어떤 문제에 대하여 우선순위를 확실하게 설정하며, 그것을 성취하기 위해 능동적으로 참여하는 것을 의미한다. 마르샤가 말하는 자아정체감의 네 가지 구조에 대한 설명은 다음과 같다.

(1) 자아정체감의 성취

자아정체감의 성취는 '위기'와 '관여'를 모두 경험한 상태를 말한다. 즉, 개인이 스스로 위기를 성공적으로 극복하고, 스스로 의사결정을 내려 자신의 역할을 수행하고 있는 단계이다.

자아정체감을 성취한 사람은 자신감과 성취의욕이 높다. 대인관계가 원만하고 융통성이 뛰어나며, 유머감각도 있고 심리적으로 안정되어 있다고 한다. 또한 자기주도적으로 자신의 삶을 이끌며, 용기와 책임의식을 가지고 있다고 한다.

(2) 자아정체감 유예

자아정체감의 유예는 현재 위기를 경험하고 있지만, 이를 극복하기 위해서 여러 가지 방법들을 선택적으로 참여하며 탐색하는 상태를 말한다. 자아정체감의 유예에 있는 사람들은 위기를 극복하기 위하여 다양한 방법들을 탐색하고 참여하고 있지만, 아직 의사결정을 내려 역할을 수행하고 있는 상태가 아니므로 자아정체감의 성취에 있는 사람보다는 안정감과 만족감이 부족하다고 할 수 있다. 정체감 유예로 분류된 사람들의 대부분은 정체감 성취로 옮겨가지만 때로는 정체감 혼미로 기울어지는 사람도 있다.

(3) 자아정체감의 유실

자아정체감 유실은 자신이 극복해야 할 위기에 대하여 의문을 제기하거나 다양한 방법으로 탐색하는 경험을 하지 않고, 부모님과 같은 의미 있는 타인의 기대나 가치를 수용하여 의사결정을 하는 경우를 말한다. 따라서 표면적으로는 의사결정을 내리고 자신의 역할을 수행하고 있는 평안함을 가지고 있는 것 같이 보인다. 그러나 부모님이나 의미 있는 타인에 대하여 절대 의존적이며, 자신의 진정한 자아를 찾지 못하고 있다고 할 수 있다.

(4) 자아정체감의 혼미

자아정체감의 혼미에 있는 사람들은 자신의 발달시기에 경험하게 되는 위기를 경험하지 않을 뿐만 아니라 어떤 의사결정도 하지 않고, 이에 대한 문제나 해결방법에 대하여 관심을 가지고 있지 않는 상태를 말한다. 의사결정을 내리지 못한 부분에 대해서는 자아정체감 유예가 비슷하지만, 유예는 위기를 경험하고 이를 해결하고자 하지만, 자아정체감 혼미는 위기도 경험하지 않을려는 부분에 있어서 뚜렷한 차이를 가지고 있다.

자아정체감의 혼미를 가지고 있는 사람들은 자아정체감의 성취와 유예에 수준이 있는 사람들보다 자아존중감과 자기주도성, 통제력이 부족한 경향이 있다. 그리고 많은 불안감을 가지고 있지는 않지만, 삶에 대하여 무관심하며, 사회에 대하여 냉담한 편이라고 할 수 있겠다.

2 자기효능감

자기효능감은 반두라에 의해 최초로 소개되고 연구된 개념으로서, 구성원이 목표달성을 위해 필요한 활동을 조직하고 이를 지속할 수 있는 능력에 대한 스스로의 믿음으로 정의되었다. 만일 자신의 행동에 의해서 바람직한 결과를 산출할 수 있다는 믿음이 없다면, 사람들은 행동하지 않을 것이다. 따라서 자기효능감에 대한 신념은 행동의 주된 근원이며, 우리의 삶은 자기효능감에 대한 신념에 의해서 유도된다.

반두라는 자기효능감이 높은 사람은 위기상황일 경우, 자신의 노력 부족에 주목하게 되지만, 자기효능감이 낮은 사람은 자신의 능력이 부족하다고 생각하는 경향이 있다고 한다. 따라서 자기효능감이 높은 사람은 위기상황에서도 자신의 능력을 향상시키기 위한 노력을 하고, 향상된 능력을 토대로 더 높은 수준의 자기효능감을 갖게 되어 지속적 성장할 가능성이 높다. 반면, 자기효능감이 낮은 사람은 해결이 쉬운 문제도 회피하려 하고, 작은 노력이 필요한 상황에서도 쉽게 포기하여, 능력향상 기회를 놓치게 되는 악순환을 반복하게 될 수 있다.

1) 자기효능감 형성에 영향을 주는 요인

(1) 성공경험

성공경험은 자기효능감 형성에 가장 중요한 요인이다. 성공경험은 자기효능감을 향상시키지만, 실패경험은 자기효능감을 낮게 만든다. 성공경험은 끊임없이 변화하는 사회에서 적응하기 위해서 새로운 과제에 지속적으로 도전하고 성공 지향적으로 노력하게 만든다. 하지만 처음부터 너무 큰 목표를 성공경험을 갖고자 하면, 실패에 대한 불안을 가지게 되고 이러한 불안감은 실패의 원인이 되기도 한다. 또한 큰 목표에 대한 불안감으로 인해 자주 실패경험을 갖게 되면, 다른 일들도 도전하지 못하게 만들게 된다. 그러므로 자기효능감을 높이기 위해서는 큰 목표에 대한 성공경험보다는 작은 일이라도 성공을 반복적으로 경험하는 것이 더 중요하다. 반복된 성공을 통해서 성공경험이 누적되면 자기효능감이 증가된다. 따라서 성공경험을 통해서 자기효능감을 높이기 위해서는 자신이 충분히 달성할 수 있는 작은 목표를 설정하고, 이를 성취할 수 있도록 하면 자기효능감이 증가한다.

(2) 대리경험

성공을 경험한 다른 사람들을 관찰하여 모델링을 하는 것을 말한다. 끊임없이 노력하여 성공한 자신과 유사한 사람을 보는 것은 자신 역시 유사한 활동을 완수하기 위한 능력을 지녔다는 관찰자의 신념을 높게 한다. 뿐만 아니라 성공한 사람이 환경에 적응하고, 성공할 수 있게 만든 효율적인 기술과 전략을 관찰하므로 보다 나은 자기효능감을 높이게 할 수도 있다.

(3) 언어적 설득

인간은 때때로 실패의 경험을 갖기도 한다. 해결방법을 찾지 못하고 어려운 문제에 처했을 때, 자신을 비난하고 자신의 부족한 부분에 대해서 회의감에 빠져들 때가 있다. 이때 언어적 설득을 가지고 있는 사람은 긍정적인 언어설득과 격려 메시지를 통해 자기효능감의 신념을 재정비할 수 있다. 그후 성공할 수 있을 방식으로 자신을 위한 상황으로 구상하고 실수했던 상황에 계속 남아 있지 않고 벗어나기 위해 노력한다. 또한 다른 사람을 이기기 위해서보다는 격려하기도 한다.

(4) 생리적 상태와 정서적 상태

신체적인 상태와 정서적 상태도 자기효능감 판단에 영향을 미친다. 긍정적인 기분은 지각된 자기효능감을 강화하지만, 부정적인 기분은 자기효능감을 약화시킨다. 따라서 자기효능감을 높이기 위해서는 신체적인 건강을 높이고, 스트레스와 부정적인 감정을 줄이는 것도 하나의 방법이다.

검사지 1. 자아정체감 검사지 채점표

● 다음 내용을 읽고 자기에게 해당되는 부분에 표시를 해주세요.

A. 전혀 그렇지 않다 B. 대체로 그렇지 않다 C. 그저 그렇다 D. 대체로 그렇다. E. 매우그렇다

번호	평가내용	A	B	C	D	E
1	나에게는 나를 특징지어주는 독특한 면이 있다.	1	2	3	4	5
2	나는 무슨일을 하며 살아갈지 아직 결정하지 못했다.	5	4	3	2	1
3	경험하지 않았던 일이 닥쳐도 나는 두렵지 않다.	5	4	3	2	1
4	나는 남들로부터 개성이 없다는 이야기를 듣는다.	5	4	3	2	1
5	나에게는 진정한 친구들이 있다.	1	2	3	4	5
6	일관된 목표를 세우고 실행하는 면이 나에게는 부족하다.	1	2	3	4	5
7	갑작스럽고 커다란 사회의 변화를 나름대로 해석할 수 있다.	1	2	3	4	5
8	나의 미래상은 때에 따라 바뀐다.	5	4	3	2	1
9	나는 어떤 면에서는 다른 사람보다 능력이 있다.	1	2	3	4	5
10	나는 어떤 행동을 하고 나서 내가 한일에 대해 후회할 때가 많다.	5	4	3	2	1
11	나는 친하지 않은 사람들과 있게 되면 거북하다.	5	4	3	2	1
12	나는 외부적인 변화에 대해 흔들리지 않는다.	1	2	3	4	5
13	나는 장래에 어떤 일을 하면서 살아갈지 구체적으로 생각해 보았다.	1	2	3	4	5
14	내가 앞으로 무슨 직업을 갖게 되건 관심이 없다.	5	4	3	2	1
15	나 스스로 어떤 결정을 내리는 것이 어렵다.	5	4	3	2	1
16	어떤 모임에 처음 나가서 나 자신을 소개하는데 주저하지 않는다	1	2	3	4	5

번호	평가내용	A	B	C	D	E
17	내가 다른 환경에서 성장했다면 하는 생각이 든다.	5	4	3	2	1
18	나는 사람을 사귀는데 까다롭다.	5	4	3	2	1
19	다른 사람이 할 수 있는 일은 나도 할 수 있다.	1	2	3	4	5
20	내게는 남다른 경험이 없다.	1	2	3	4	5
21	나는 어떤 일을 하고 싶어도 선뜻 실행하지 못한다.	5	4	3	2	1
22	나는 생활 속에서 겪는 사건들을 판단하는 일관된 기준을 가지고 있다.	1	2	3	4	5
23	나는 인생을 어떻게 살아가지 걱정이 많다.	5	4	3	2	1
24	다른 사람들이 내게 관심을 가져준다.	1	2	3	4	5
25	일의 옳고 그름을 판단할 때 주위상황보다는 나 자신의 가치관에 따라 결정을 내린다.	1	2	3	4	5
26	나에게는 평생을 바쳐 투자하고 싶은 일이 있다.	1	2	3	4	5
27	내가 보잘것없는 존재같이 느껴진다.	5	4	3	2	1
28	에게는 나 나름대로의 매력이 있다.	1	2	3	4	5
29	예전에 깊은 절망감에서 강한 의지와 힘을 부여받아 고통이 사라지며 날아갈 듯이 기쁜 체험을 한 적이 있다.	1	2	3	4	5
30	보고 싶지 않던 나의 단점들을 지금은 장점과 더불어 나의 일부분으로 받아들이며 많이 편안해졌다.	1	2	3	4	5

출처: 휴가족심리상담센터.

- 각 항목의 점수를 합산한다.

40점 이하	정체성 혼란
41~75점	정체적 취약
76~105점	양호한 정체성
106~135점	건강한 정체성을 가지고 있음

Worksheet 1

내가 생각하는 성공과 실패

- 내가 생각하는 성공이란?

____

____

____

____

____

- 내가 생각하는 실패란?

____

____

____

____

____

__________학과 __________학번 __________이름

Worksheet 2

- 여러분이 생각하는 도전과 포기는 무엇일까요?

① 내가 생각하는 도전이란?

② 내가 생각하는 포기란?

학과 학번 이름

세상 장단과의 이별

우리는 모두 태어날 때부터 자신마의 고유한 마음의
장단을 지니고 왔습니다.
그런데 그동안 우리는 세상에 장단에 맞춰,
남의 장단에 맞춰 꼭두각시처럼 살아왔습니다.
그래서 나를 잃어버리게 되었고, 이젠 어디에도 내가 없습니다.

자신만의 춤을 추세요.
마치 아무도 당신을 지켜보지 않는 것처럼,
누구도 의식하지 말고 마음의 장단에 맞춰 춤을 추세요.
아버지의 장단도 아닌, 세상 장단이나
다른 사람들의 장단도 아닌,
바로 내 마음의 장단에 맞춰 추는 춤을 말입니다.
바로 내 마음의 장단에 맞는 삶의 춤......
당신의 장단을 되찾을 때
당신은 가장 빛납니다.

오제은 교수의 『자기사랑노트』 중에서

05 Chapter

성격

학습목표

1. 성격에 대한 정의와 특징을 학습한다.
2. 성격형성 요인에 대하여 학습한다.
3. 성격평가 방법에 대하여 학습한다.

사람의 성격이 가장 잘 나타날 때는

누군가와 마주 대하여 말하고 듣고 웃을 때다.

-괴테-

05

성격

1 성격의 정의와 특징

인간은 같은 상황에서도 서로 다른 행동양식을 나타낸다. 같은 낯선 환경이라 할지라도 어떤 사람은 그 환경에 대하여 호기심을 가지고 적극적인 적응행동 양식을 보이고, 어떤 사람은 낯설고 불편해서 소극적인 적응행동 양식을 보인다. 이는 인간의 행동양식이 외부적인 환경에 의해서만 형성되는 것이 아니라, 인간의 내적인 환경에 의해 영향받을 수 있음을 말해주고 있다.

성격(personality)의 사전적 정의는 '각 개인이 지닌 특유한 성질이나 품성'이다. 하지만 심리학적인 개념의 정의는 학자마다 다르다. 올포트는 성격을 '개인의 특징적인 행동과 사고를 결정하는 역동적 체제'라고 하였다. 페르빈은 '개인의 생활에 방향을 제시해 주고 양식을 만들어주는 인지, 정서 및 행동의 복합체계'라고 하였다. 프롬은 '한 개인의 특징이 되며 독자성을 꾸며주는 선천적인 정신적 특질의 총체'라고 하였고, 카텔은 '유기체와 그 환경과의 사이의 모든 행동에 관계하고, 거기로부터 도출되며, 상황이 주어질 때 행동을 예언하는 할 수 있는 것'을 성격으로 보았다. 매디는 성격을 '인간의 심리적 행동에 있어서 시간적으로 영속성이 있으며, 그 순간의 사회적 · 생물적 입력들만의 결과로는 쉽게 이해될 수 없는 공동성 및 특성을 결정하는 것으로 비교적 안정된 집합체'라고 하였다. 이렇게 많은 학자들의 정의를 종합해 보면, 성격은 개인이 환경에 따라 반응하는 특징적인 양식으로서 타인과 구별되게 하는 독특하고, 일관성이 있으며, 안정적인 사고, 감정 및 행동 방식의 총체이다.

성격이 대인관계나 일상생활에서 나타나는 특성은 다음과 같다.

첫째, 성격은 독특성을 가지고 있다.

성격은 신체적, 지적, 흥미를 포함한 개인의 독특한 특성의 유형이다. 이러한 독특한 특성이 사람을 구별할 수 있게 한다.

둘째, 성격은 일관성을 가지고 있다.

인간의 행동양식은 서로 다른 상황에서도 비교적 일관된 행동반응양식을 보인다. 그렇기 때문에 행동반응양식은 안정성이 있고, 비교적 예측할 수 있다. 만약 개인의 행동반응양식이 때와 장소에 따라 일관성이 없이 수시로 변한다면 이는 성격의 특성이라 볼 수 없다.

셋째, 성격은 대인관계와 일상생활에서의 적응과 밀접한 관계가 있다.

성격은 환경에 적응하는 방식에서 개인차로 볼 수 있기에 환경에 적응과 관련이 있다. 인간이 성격에 대한 이해와 관심이 필요한 이유는 일상생활에서 부적응을 초래할 수 있는 원인을 이해하여 이를 변화시키고자 함이다.

2 성격 형성의 영향요인

성격은 타고나는 것인가, 아니면 환경과 학습에 의해서 영향을 받는 것인가 라는 두 가지 논의는 끊임없이 진행되고 있는 것이다. 이 논쟁에 대한 정확한 결론은 없지만, 현재 성격심리학자들의 대부분은 타고난 유전과 후천적인 환경 속에서의 경험과 학습의 상호작용이 성격을 형성하는 중요인 요인이라고 보고 있다.

1) 유전적 요인

다윈이나 칼튼 등은 인간의 성격 형성에 유전적인 역할이 중요하다는 근거에 답을 찾기 위해서 여러 가지 연구들을 하였다. 그중에 가장 대표적인 것이 가계연구와 쌍생아 연구이다. 쌍생아를 대상으로 한 연구들을 종합한 연구를 보면, 연구대상이 된 쌍생아는 24,000쌍 이상이 되는데 동일한 유전인자를 갖는 일란성 쌍생아들이 평균적으로 유전인자의 반만 동일한 이란성 쌍생아들보다 성격특성이 훨씬 더 비슷한 것으로 나타났다. 그리고 서로 다른 집에 입양되어 성장한 일란성 쌍생아들도 같은 가정에서 함께 성장한 경우와 마찬가지로 결국은 성격이 서로 유사하다는 연구결과가 있다.

2) 환경적 요인

개인의 성격은 유전적 요인 이외에 개인이 속에 있는 환경적 요인에 의해서도 커다란 영향을 받는다. 환경에는 가정환경, 학교환경, 사회문화적 환경 등이 있는데, 특히 가정환경이 개인이 가장 오랫동안 경험한 환경이므로 성격형성에 많은 영향을 준다고 할 수 있겠다. Symonds, Baldwin, Kallhorn 등의 연구에 의하면, 과잉보호적인 가정에서 자라난 아동은 신경질적이고 의존적이며 자기중심성이나 비사회성이 나타나기 쉽고, 거부형이나 방임형의 가정에서 자라난 아동은 반항적이고 공격적이며 불안정한 성격이, 전제적인 가정에서 자란 아이는 수동적이고 순종적인 성격과 복종적인 성격이 형성되기 쉽다고 하였다.

이와 같이 인간은 생물적 존재이면서 사회적 존재이므로, 개인이 가진 타고난 기질이 환경에 적응해 나가면서 자신만의 독특한 행동반응양식으로 형성해 나간다고 할 수 있다.

3 성격평가 방법

성격평가란 개인의 특징적이며 전형적인 행동양식을 알아내는 방법이다. 보다 객관적이고, 편파적이지 않는 평가를 위해서는 다음과 같은 방법이 있다.

1) 관찰법

관찰법은 개인의 행동을 직접 관찰함으로써 개인의 성격적 특징을 자료로 수집하는 것이다. 관찰법은 성격 이해의 가장 기본적인 방법으로, 학교 현장에서 학생을 이해하는 방법으로 가장 일반적으로 쓰이는 방법이다. 관찰법의 방법에는 구조화된 관찰방법과 비구조화된 방법을 사용한다.

2) 투사검사

각 개인이 가지고 있는 내면의 독특한 특성이 드러나도록 만들어 놓은 검사도구이다. 투사검사는 객관적 질문검사로 드러나지 않는 심층적인 분석이나 임상적 진단의 목적으로 많이 사용된다.

(1) 로르샤하검사

로르샤하가 개발한 검사로 비구조화된 잉크반점들의 의미에 대한 응답자의 해석을 분석하여 개인의 내적인 감정과 성격구조를 해석하는 검사이다.

(2) 주제통각검사

우리 주변에서 흔히 볼 수 있기도 하고, 조금은 내용이 애매모호한 상황의 인물 그림을 보고 그 안에 내용을 자유롭게 이야기하도록 한다. 이때 응답자가 이야기한 내용을 가지고 내면에 있는 동기, 관심사, 그리고 인간세계를 바라보는 방식을 알아내는 투사적 성격검사이다.

3) 자기보고식 질문지법

표준화된 실시되고 채점되는 검사로, 질문항목에 자신의 행동이나 심적 상태가 어느 정도인지를 표시하는 검사이다.

(1) MBTI 성격유형검사

칼 융의 심리유형론을 근거로 캐서린 브릭스와 그의 딸 이사벨 마이어스 만들어 지금까지 지속적으로 연구하고 있는 성격 검사이다. MBTI는 4가지 척도의 관점, E(외향적)-I(내향적), S(감각)-N(직관), T(사고)-F(감정), J(판단)-P(인식)중 각 개인의 선호지표를 알파벳으로 표시하며, 4가지 선호지표를 조합하여 16가지 유형으로 나타날 수 있다.

❶ 외향성 – 내향성

외향성과 내향성은 개인이 가지고 있는 주의집중과 에너지의 방향이 인간의 외부로 향하는지 내부로 향하는지를 나타내는 지표이다.

외향성의 사람들은 주로 외부세계를 지향하고 외부활동을 통해서 활력을 얻는 편이다. 이들은 행동 지향적이고, 때로는 충동적으로 사람들을 만나며, 솔직하고 사교성이 많고 대화를 즐긴다.

내향성의 사람은 내적 세계를 지향하므로 바깥세계보다는 자기 내부의 생각 또는 이념(idea)에 더 관심을 둔다. 관념적 사고를 좋아하고, 자기 내면세계에서 일어나는 것에 의해 에너지를 얻으며 주로 생각을 하는 활동을 좋아한다.

❷ 감각형 – 직관형

감각형과 직관형의 지표는 정보를 인식하는 방식에 대한 경향성을 알 수 있다.

감각형의 사람들은 모든 정보를 자신의 오관에 의존하여 받아들이는 경향이 있다. 이들은 현재 이 상황에 주어져 있는 것을 수용하고 처리하는 경향이 있으며, 실제적이고 현실적이다. 또한 자신이 직접 경험하고 있는 일을 중시하며 관찰능력이 뛰어나고 세세한 것까지 기억을 잘하며 구체적이다.

직관형의 사람들은 오관보다 육감이나 영감에 의존하여, 구체적인 사실이나 사건보다는 이면에 감추어져 있는 의미, 관계 가능성 또는 비전을 보고자 한다. 이들은 세부적인 구체적인 사실보다는 전체를 파악하고 본질적인 패턴을 이해하려고 애쓰며 미래의 성취와 변화, 다양성을 즐긴다. 직관형의 사람은 상상력이 풍부하고, 이론적이며, 추상적이고, 미래지향적이며 창조적이다. 그러나 구체적인 것을 떠나 전체를 보려고 하기 때문에 세부적인 것은 간과하기 쉽고, 실제적, 현실적인 면을 고려하지 않고 새로운 일 또는 복잡한 일에 뛰어들기도 한다.

❸ 사고형 – 감정형

사고와 감정기능은 인식된 정보를 가지고 판단을 내릴 때 쓰는 기능이다.

사고형의 사람들은 객관적인 기준을 바탕으로 정보를 비교하고 분석하고 논리적 결과를 바탕으로 판단을 한다. 사고형은 인정에 얽매이기보다 원칙에 입각하여 판단하며, 정의와 공정성, 무엇이 옳고 그른가에 따라 판단한다.

감정형의 사람들은 친화적이고, 따뜻하며 조화로운 인간관계를 중시한다. 객관적인 기준보다는 자기 자신과 다른 사람들이 부여하는 가치를 중시하여 판단을 한다. 원리원칙보다는 사람의 마음을 다치지 않게 하는 데 더 신경을 쓴다. 이러한 성향으로 사람과 관계된 일을 결정해야 할 때 우유부단하게 되거나 어려움을 겪을 수 있다.

❹ 판단형 – 인식형

판단과 인식은 외부세계에 대한 태도나 적응에 있어서 어떤 과정을 선호하는가를 말한다.

판단형은 의사를 결정하고 종결짓고 활동을 계획하고 어떤 일이든 조직적 체계적으로 진행시키기를 좋아한다. 판단형은 계획을 짜서 일을 추진하고 미리미리 준비하는 편이며, 정한 시간 내에 마무리하는 것을 좋아하는 편이다.

인식형은 상황에 맞추어 자율적으로 살아가기를 원한다. 또한 자발적이고 호기심이 많고 적응력이 높으며, 새로운 사건이나 변화를 추구한다. 인식형은 한꺼번에 여러 가지 일을 벌이지만, 뒷마무리가 약하다.

위에 제시한 네 가지 유형을 조합하여 총 16가지 유형으로 나타날 수 있다.

(2) 에니어그램검사

9가지의 성격유형을 통해서 타고난 기질에 따른 자신의 생활적 특징, 힘의 원천, 잠재력의 경향성, 스트레스 · 안정의 방향성을 제시하는 검사도구이다. 이 검사결과를 통해서 현재 자신의 친구관계, 진로, 적성, 행동방식, 갈등대처방식 등을 알고 건강한 자기를 발견할 수있다.

(3) DISC검사

DISC검사는 크게 인간행동의 네 가지 기본 행동유형을 분류하고 이를 바탕으로 15가지의 전형적인 행동유형을 제시한 검사이다. 네 가지 기본 행동유형은 D(주도형), I(사교형), S(안정형), C(신중형)으로 분류된다.

(4) MMPI – 2(미네소타다면적인성검사)

성격과 심리적인 문제를 측정하는 하는 검사도구로 세계에서 가장 많이 사용되고 연구되고 있는 객관성 검사도구이다. 기본 임상하위척도는 건강염려증, 우울증, 히스테리, 반사회성, 남성성-여성성, 편집증, 강박증, 조현증,

경조증, 내향성으로 구성되어 있다.

(5) 성격5요인검사(Big Five) – 직업선호도 L형검사 중 성격5요인

성격심리학자들이 성격의 개인차를 알아보기 위하여 만든 'Big 5 이론'에 근거한 성격검사이다. 이 검사는 개개인의 외향성, 호감성, 정서적 불안정성, 신경증, 개방성으로 구성되어 있다.

외향성은 타인과의 상호작용을 원하고 타인의 관심을 끌고자 하는 정도를 알아볼 수 있다. 외향성의 점수가 높은 사람은 폭넓은 대인관계를 유지하며, 사교적이고 정열적이며 활동적이다. 외향성의 점수가 낮은 사람은 깊은 있는 대인관계를 유지하며, 조용하고 신중한 편이다. 외향성의 하위요인에는 온전성, 사교성, 리더십, 적극성, 긍정성이 있다.

호감성은 다른 사람들과 조화로운 관계를 유지하는 정도를 알아볼 수 있다. 호감성의 점수가 높은 사람은 다른 사람을 신뢰하며 타인의 감정을 잘 이해하고 배려하고자 하는 마음이 있다. 친절하고 공손하며 다른 사람들과 함께 하는 곳에 규율이나 규범을 잘 지키고자 한다. 그러나 다른 사람들과의 갈등상황에서는 회피하거나 의존적으로 대처하려는 모습을 보이기도 한다. 호감성의 점수가 낮은 사람은 다른 사람의 마음을 이해하고 배려하기보다는 자기 중심적으로 생각하고 행동하려는 경향성이 있다. 또한 다른 사람들 함께 일을 할 때 협력하기보다는 경쟁적인 모습을 종종 나타내기도 한다. 그리고 다른 사람들이 가지고 있는 문제나 어려움에 대하여 무관심하거나 냉소적인 태도를 보이기도 한다. 호감의 하위요인에는 타인에 대한 믿음, 타인에 대한 배려, 도덕성, 수용성, 겸손, 휴머니즘이 있다.

성실성은 사회규범을 지키려는 정도를 알 수 있다. 성실성의 점수가 높은 사람은 삶의 목표가 뚜렷한 편이며 근면하며 자신에게 주어진 과제를 잘 완수하고자 하는 책임감이 있으며, 모든 일에 자신이 잘 해낼 수 있는 사람이라고 스스로 생각하는 경향이 있다. 단정하고 정리정돈을 잘 하는 편이다. 그러나 모든 일에 신중하고 강한 책임감을 가지고 수행하다보니 다소 융통성이 부족해 보일 수도 있다. 성실성의 점수가 낮은 사람은 임기응변이 뛰어나 변화상황에 잘 대처하는 편이다. 그러나 점수가 지나치게 낮은 사람은 충동적이고 부주의하여 다른 사람들에게 신뢰롭지 못한 행동을 보이는 경우가 종종 있다. 또는 스스로를 무능력하다고 생각하는 경우가 있다. 성실성의 하위요인에는 유능성, 조직화능력, 책임감, 목표지향, 자지통제력, 완벽성이 있다.

정서적 불안정성은 정서적으로 얼마큼 안정되어 있는지 정도를 알아볼 수 있다. 정서적 불안정성이 높은 사람은 걱정과 불안 마음이 많고 화를 잘 내는 경향이 있다. 또한 스트레스 상황을 극복하는 것에 어려움을 느낄 수 있다. 정서적 불안정성의 점수가 낮은 사람은 차분하고 온화하며 쉽게 흥분하지 않고 불안이나 우울함을 잘 느끼지 못하며 스트레스 상황에 잘 대처하는 편이다. 정서적 불안정성의 하위요인에는 불안, 분노, 우울, 자의식, 충동성, 스트레스 취약성이 있다.

경험에 대한 개방성은 외부세계에 대한 호기심과 수용성의 정도를 알아볼 수 있다. 경험에 대한 개방성이 높은 사람은 다양한 지식에 대한 호기심과 문화적 체험을 경험하는 것을 좋아하는 편이다. 그러나 경험에 대한 개방성의 점수가 적은 사람은 새로운 지식과 문화에 대한 호기심이 적은 편이다. 경험에 대한 개방성의 하위요인에는 상상력, 문화, 정서, 경험추구, 지적 호기심이 있다.

Worksheet 1 성격5요인

● www.work.go.kr에서 직업선호도 L형 검사를 실시하고 그 결과에 대하여 작성해보자.

1) 성격 5요인 중에서 가장 높은 점수와 낮은 점수

높은 점수	
낮은 점수	

2) 성격 5요인 중 하위요인에서 가장 높은 점수와 낮은 점수

낮은 점수의 하위요인	요인	높은 점수 하위요인
	외향성 타인과의 상호작용을 원하고 타인의 관심을 끌고자 하는 정도	
	호감성 타인과 편안하고 조화로운 관계를 유지하는 정도	
	성실성 사회적 규칙, 규범, 원칙들을 기꺼이 지키려는 정도	

________학과 ____________학번 ________이름

낮은 점수의 하위요인	요인	높은 점수 하위요인
	정서적 불안정성 정서적으로 얼마나 안정되어 있고 자신이 세상을 얼마나 통제할 수 있으며 세상을 위협적이지 않다고 생각하는 정도	
	경험에 대한 개방성 자신을 둘러싼 세계에 대한 관심, 호기심, 다양한 경험에 대한 추구 및 포용력	

3) 성격 5요인을 통해 본 나에 대한 이해

- 성격 5요인을 통해 살펴본 나에 대한 장점

- 성격 5요인을 통해 살펴본 나에 대한 단점

- 더 개발할 점

- 수정하거나 보완해야 할 점

__________ 학과 __________ 학번 __________ 이름

음악과 성격과의 관계

호주 뉴 사우스 웨일스(New South Wales) 대학 연구진은 실험 참가자들을 대상으로 즐겨 듣는 음악 장르와 성격에 대해 질문했다.

조사결과, 전체 설문 참여자의 50%는 아델, 샘 스미스의 노래와 같은 '슬픈 음악'을 즐겨 듣는 것으로 나타났다. 그중 10%는 발라드와 같은 잔잔한 멜로디와 가사를 가장 좋아한다고 답했다. 연구진은 이들의 성향을 분석한 결과, '슬픈 음악'을 즐겨 듣는 사람들이 다른 사람들에 비해 타인에 대한 공감능력이 훨씬 더 뛰어나다는 것을 알아냈다.

특히 심리학에서 말하는 성격 5요인 외향성, 친화성, 성실성, 개방성, 신경성 중에서 친화성과 개방성이 특히 더 높게 나타났다. 여기서 '친화성'이란 타인 및 공동체에 대한 친화력과 적응력을 나타내는 말로, 이타심, 애정, 신뢰, 배려 등의 성격적 특성을 포함한다. '개방성'은 새로운 경험을 받아들이고자 하는 성향으로 상상력, 호기심, 모험심, 다양성에 대한 욕구 등을 말한다.

연구를 이끈 휴런(Huron) 교수는 "슬픈 음악과 슬픈 목소리는 밀접한 관련이 있다"며 "따라서 슬픈 음악을 들을 때에는 실제로 옆에 슬퍼하는 사람이 있는 것처럼 느껴진다"고 주장했다. 또한 "이때 공감능력이 뛰어난 사람들은 '연민'과 '동정심'을 느끼게 되는데, 이는 긍정적인 감정으로 슬픔을 극복하는 데 도움이 된다"고 설명했다. 그러나 휴런 교수는 "타인에 대한 공감능력이 떨어지는 사람들은 슬픈 음악을 들을 때 연민이나 동정심을 느끼는 대신 스스로에게 우울감을 느낀다"고 덧붙였다.

이와 관련해 뉴 사우스 웨일스 대학의 에머리 슈베르트(Emery Schubert) 부교수는 "보통은 음악과 삶 사이의 연관성을 인식하기 힘들지만 분명 사람은 자신의 감정을 조절하는 데 있어 음악에 큰 영향을 받는다"고 밝혔다.

출처: 인사이트 2017. 12. 27. 기사내용.

06 Chapter

의사소통

학습목표

1. 의사소통의 종류를 구별할 수 있다.
2. 언어적 특징에 따라서 분석할 수 있다.
3. 의사소통의 구조에 따라서 분석할 수 있다.

아래 그림을 옆 사람에게 설명해 보세요.

옆사람은 내가 설명하려던 것을 이야기 하나요?
어떤 동물이 있다고 하나요?

그럼 지금부터는 옆사람과 이야기하던 순간을 떠올려 다음에 답하여 보십시오.
옆사람은 내 이야기를 잘 들어주던가요?
나는 그 옆사람 이야기를 잘 들어 주었나요?
만약 이야기가 잘되었다면, 불편했다면, 안 되었다면 이유는 무엇일까요?

위 활동을 통하여 경험하였듣이 의사소통은 단순한 말을 하는 것 이상의 무엇인가가 숨어 있다.

이번에는 의사소통에 대해서 알아보고자 한다.

06

의사소통

1 의사소통의 정의

의사소통(communication)에 대한 사전적 정의는 '어떤 사실이나 생각, 그리고 정보(情報)의 전수(傳授) 또는 교환하는 것'이다. 이를 풀어보면 한 사람으로부터 다른 사람에게, 또는 개인이나 집단이 다른 개인이나 집단에게 정보나 의사 또는 감정이 전달되도록 하는 과정으로, 의사소통이 되기 위해서는 두 사람 이상이 참여하여야 하고, 서로 간에 전달될 정보가 있어야 하며 어떠한 경로나 방법을 통하여 실제로 전달하려는 시도가 있어야 한다. 그리고 이러한 반응이 상호작용으로 일어날 때 비로서 의사소통이라 할 수 있다.

즉, 서로 관계를 맺고 있는 둘이나 그 이상의 사람들 사이에서 음성과 부호, 신호 등의 상징이나 상징으로 바꿀 수 있는 행동을 동시에 교환하는 사회과정이며, 이를 통하여 인간관계에서 서로에 대한 올바른 지식과 이해를 나누는 중요한 기술이라 하겠다.

2 의사소통의 원리

의사소통을 이해하기 위해서는 몇 가지 원리가 있다.

첫째, 우리는 삶을 살아가는 한 의사소통을 하여야 한다.

말은 못하는 신생아는 울음과 얼굴표정으로 보호자와 의사소통을 한다. 소개팅을 하면서 말을 하지 않아도 상대방이 자신에게 호감이 있는지 없는지는 표정에서 몸짓에서 알 수 있다. 친구의 SNS의 프로필 사진만으로도 우리는 의사소통을 한다.

의사소통은 의식적이든 무의식적이든 살아가는 동안 우리는 주의사람들과 지속적으로 의사소통을 한다. 모든 대인관계에서 어떠한 것도 메시지로서의 역할을 하기 때문에 다른 사람에게 영향을 미치게 되는 것이다. 언어를 통하여 전달하는 것 이외에도 표정, 몸짓, 피복, 이모티콘, 프로필 사진, 상태창 메시지 등을 통해 우리는 항상 의사소통을 할 수밖에 없다.

둘째, 우리는 의사소통을 통하여 타인과 내용을 교환하고 관계를 이루어 간다.

모든 의사소통은 메시지의 내용을 가지고 있다. 동시에 거기에 참여하는 사람들끼리의 관계를 규정하기도 한다. 관계의 규정이란 참여자들끼리 어떤 성질 및 형태의 관계를 유지할 것인가를 결정하는 것을 말한다. 예를 들어, 남자친구와 여자친구가 저녁을 먹으러 가자고 할 때 서로 다른 식당과 메뉴를 가자고 다투게 된다면 관계적 측면으로 볼 때 서로가 상대방을 지배하려는 노력으로 해석될 수 있다. 사실상 의사소통이나 인간관계에서 일어나는 문제 중에는 메시지의 내용을 오해하여 일어나는 것뿐만 아니라, 상호 간의 관계규정에 따른 문제 또한 많다.

3 의사소통의 종류

의사소통의 종류에는 언어적 의사소통과 비언어적 의사소통이 있다.

언어적 의사소통(Verbal Communication)이란 자신의 의사를 음성이나 문자, 부호로 상징화하여 의사를 교환하는 의사소통을 말한다. 하지만 이외에도 휴대전화, 이메일(e-mail), 전자결재, 원격 화상회의와 같은 전자적(Electronic) 의사소통도 여기에 포함된다.

언어적 의사소통 중에서 말로 전달하는 의사소통의 경우 자신의 의견을 많은 정보와 함께 전달할 수 있는 장점이 있는 반면, 듣는 사람이 집중하여 듣지 않으면 흘러가 없어진다는 단점이 있다. 문자에 의한 의사소통의 경우 왜곡이 적고 오랜 기간 남아서 다시 확인할 수 있지만, 문장이해력이 낮은 경우 읽을 수는 있어도, 내용을 이해할 수 없는 한계가 있다. 최근의 전자적 의사통의 경우 언어와 문자의 혼합된 형태로 음악, 영상, 이모티콘, 자음글, 사진만으로도 자신의 감정이나 내용은 전달할 수 있는 장점이 있지만, 각자가 가지는 의미해석이 다양하기에 해석의 오류나 어려움을 가지게 되는 경우 또한 많다.

비언어적 의사소통(Non-verbal Communication)이란 언어나 문자 이외의 다양한 행동이나 표현을 통하여 자신의 생각을 표현하거나 의사를 전달하는 것이다. 우리는 타인과 표정과 시선, 태도, 거리, 분위기만으로도 자신의 의사를 전달할 수 있고, 타인의 의사를 확인할 수도 있는 것이다. 이러한 비언어적 의사소통의 요소로는 자세(body posture), 접촉(touch), 몸짓(gesture), 인상(frowning), 팔짱낌(folding one's arms), 시선(one's gaze), 얼굴 붉힘(blushing), 손짓(beckon), 비명, 신음, 한숨 등이 이에 속한다. 예를 들어, 연인들의 눈빛은 서로 다르다. 그래서 학교에서의 CC들을 알 수 있다. 눈빛을 넘어서 스마트폰의 상태창, 프로필 사진, 서로 앉는 자리, 옷차림 등 그 모습 전반에서 그들의 언어를 우리도 읽을 수 있다. 그러나 그 연인들이 헤어진다면 누구라도 그들의 태도에서 관계의 변화를 알 수 있다. 이 모든 것이 비언어적 의사소통이라 할 수 있다.

4 언어적 특성

목소리만으로 신뢰를 가지게 하는 사람이 있는가 하면, 어떤 사람은 특별한 목소리로 평생 기억되는 사람이 있다. 이처럼 음성은 각 사람마다 다르고 다양하다.

음성은 처음 만나는 사람이 서로 대할 때 느끼는 감정까지 포함되어 있다. 그러므로 음성표현이 상대에게 미치는 영향은 매우 크다. 강의, 강연, 연설, 토론, 대화 모두가 음성을 매개체로 표현되는 음성언어이므로 대화를 잘하기 위해서는 좋은 음성을 지니는 것은 중요하다.

이러 음성을 구성하는 요인을 살펴보면 다음과 같다.

1. 음질(音質: Quality): 음성이 맑으냐, 탁하냐를 가리킨다. 남녀 불문하고 음질이 지나치게 탁하든가 너무 안아서 째지는 소리가 나면 청중에게 불쾌감을 주게 된다.
2. 음폭(音幅: Range): 음성의 넓이를 말하는 음폭은 보편적으로 굵고 넓은 음성은 남성의 특징이고, 가늘고 좁은 음성은 여성의 특징이라 하겠다. 그러나 남녀 불문하고 음폭이 지나치게 좁으면 권위를 가지기 어렵다.
3. 음량(音量: Volume): 목소리의 양이 풍부하냐, 부족하냐를 말한다. 음량은 대화나 강연 등에 있어서 절대적인 원동력이다. 음량이 빈약하면 목청이 쉬거나, 갈라지기 쉬울 뿐만 아니라, 마이크와 같은 음향장비의 도움이 없을 경우 대규모 강의에는 어려움이 많다. 반대로 음량이 너무 큰 경우 주변에 소음피해를 유발하는 경우도 많다.
4. 음색(音色: Tone color): 나와 타인을 구분하는 데 필요한 목소리의 특질이다. 아무리 성대묘사를 잘하더라도 그 음색은 다름으로 구분할 수 있다. 이러한 음색이 나쁘면 간사해보이거나, 천박하거나, 비정해 보이기도 한다. 그러나 이러한 음색에 중요한 것은 타고난 것보다 대화에서 어미(語尾)처리를 어떻게 하느냐에 따라서 달라진다는 것이다.
5. 억양(抑揚: intonation): 음의 높낮이의 작용을 말하는 것인데, 음의 높낮이는 성대의 작용에 따라 변한다. 억양은 내용을 강조할 때 많이 쓰인다. 중요한 부

분을 강조한 방법에는 큰 소리를 내는 것도 방법이지만, 오히려 매우 작은 소리를 냄으로써 주의집중을 유발할 수도 있다.

6. 음속(音速: tempo): 음절과 음절 또는 낱말과 낱말 사이에 쉴 때 쉬고, 끊을 때 끊는 그 시간의 빠르고 느린 정도를 말한다. 같은 말이라도 음속에 따라서 말의 뜻이 다르게 이해되기도 한다.
7. 발음(發音: Articulation): 모음과 자음이 있다. 그 발음은 허파에서 나오는 공기가 음파로 전환되어 고막을 진동시켜 듣는 사람이 그 소리를 느끼게 하는 물리적 작용이다. 정확한 발음은 어떤 것보다 의사소통에 중요한 요소라 하겠다.

이외에도 의사소통에 있어서는 음성에 영향을 주는 요소들은 많다.

음성은 타고나는 신체적 특성에도 중요하지만, 발음연습, 발성연습 등을 통하여 전달력이 높고, 다양한 느낌의 음성을 가질 수 있다.

5 의사소통 구조

의사소통이 1:1의 관계에서 이루어지기도 하지만, 대부분은 자신이 속한 집단 안에서 의사소통이 이루어진다. 그러므로 자신이 속한 사회에서 의사소통을 잘하기 위해서는 우선 자신이 속한 사회의 의사소통 구조를 아는 것부터 시작되어야 한다.

사회에서의 의사소통 모형을 알아보면 다음과 같다.

1) 사슬형(Chain Network) 의사소통

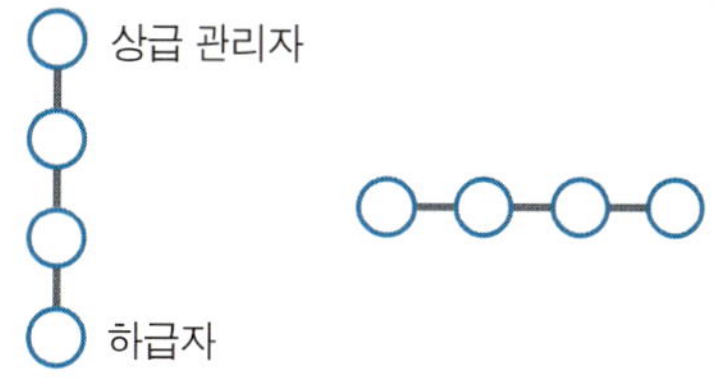

[수직적 사슬형] [수평적 사슬형]

구성원이 일렬로 늘어서서 개별적 의사소통을 하는 경우로, 중간에 위치한 구성원은 조직 내에서 중심적인 사람이며 끝쪽으로 가면, 조금 격리된 경향을 보이게 되기도 한다. 이러한 사슬형 의사소통 구조에는 권력의 수준에 따라서 수직적 사슬형 구조와 수평적 사슬형 구조로 나누어진다.

이 의사소통은 바쁜 생활 속에서 효과적인 의사소통 구조이기는 하지만, 자칫 조직원들이 분리될 수 있으며, 사람들 관계가 분리되어 있어서 의사전달과정 중에서 오해나 왜곡이 벌어질 수 있다는 단점도 있다.

2) 원형(circle network) 의사소통

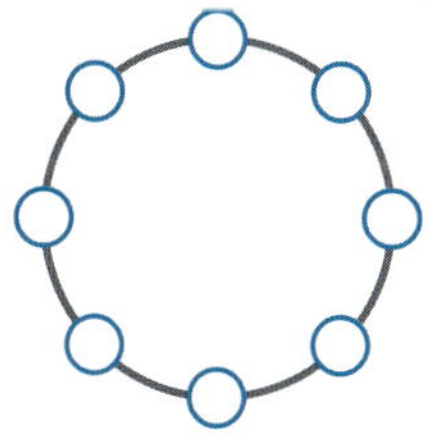

[원형]

원형은 사슬형의 마지막 구성원이 의사소통이 되는 유형으로, 이 유형의 특징은 구성원 모두가 양 옆에 있는 구성원하고만 의사소통이 이루어지고 다른 구성원과는 의사소통이 잘 되지 않는다는 것이다. 이러한 구조는 구성원 모두가 평등한 경우 가능하며, 동아리모임, 취미활동, 임원모임 등에서 주로 이루어진다.

3) Y형(Y network) 의사소통

Y형은 구성원 중 한 사람에 의해 의사가 다른 구성원에게 전달되는 유형으로, 집단구성원을 대표가는 대표가 존재하는 구조이다. 중간관리자가 모든 정보를 통제하는 경우에 주로 이루어진다.

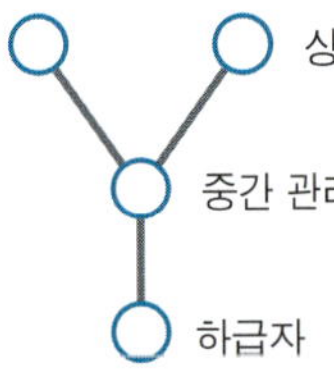

[Y형]

4) 바퀴형(wheel network) 의사소통

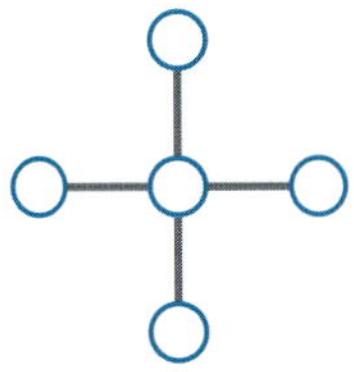
[수레바퀴형]

구성원 중 모든 메시지를 통제하는 한 사람에 의해 의사가 전달되는 유형으로, 그 사람은 구성원 내에서 지배적 역할을 하게 된다. 하지만 이 바퀴형의 단점은 그 사람에 의해 다른 구성원의 메시지가 여과되거나 왜곡될 수도 있고, 반면 장점은 구성원 내 긴장과 갈등을 관리할 수도 있다는 것이다.

5) 완전통로형(all-channel network) 의사소통

구성원 모두가 양방향적 의사소통이 이루어지는 유형으로, 활발하고 원만한 의사소통으로 정보를 나누기 때문에 문제해결방법이 효과적일 수도 있으나,

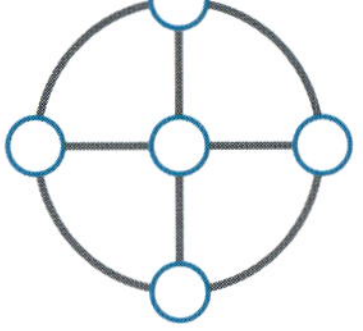
[완전 연결형]

모든 방향으로 의사전달이 되어 비조직적이고 혼란스러울 수도 있다는 특성을 가지고 있다. 특히 이러한 의사소통 구조를 이루고 있는 곳에서는 자신의 장점이나 약점에 대한 해명 등을 적극적으로 이야기하여야 본인의 의도가 왜곡되지 않고 전달될 수 있다.

의사소통 구조별 특성

구분	원형	바퀴형	연쇄형	Y형	완전연결형
의사소통의 신속성	느림	빠름	중간	중간	빠름
의사소통의 정확성	낮음	높음	높음	높음	중간
리더의 출현가능성	거의 없음	높음	중간	중간	없음
구성원들의 만족감	높음	낮음	중간	중간	높음

한 사람의 의사소통의 구조는 단순히 하나의 모형으로 이루어진 것이 아니라 복합적으로 이루어진다. 예를 든다면 2학년인 친구1은 학과 학습모임에서는 사슬형의 하급에 속하지만, 학과 동아리에서는 원통형의 구성원으로, 학교대표로 활동하는 봉사동아리에서는 Y자형의 중간관리자로 활동하고 있다. 그의 친구2는 오히려 봉사동아리에서는 하급자이지만 학과 학습모임에서는 중간관리자로 활동함으로써 같은 학년이라도 각각의 모임에서는 복합적인 관계를 가질 수 있는 것이다.

Worksheet 1 미로찾기

- 미로 바깥에 있는 공룡을, 안에 공룡에게 인도하여야 합니다.
- 먼저 눈으로만 길을 찾아보십시오.

1. 초시계를 준비합니다.

2. 두 사람 중 미로 밖 공룡에 볼펜을 올리고, 눈을 감습니다.

________________학과 ________________________학번 ______________이름

3. 다른 한명은 말로만 원안에 공룡에게 선을 연결하수 있도록, 말로 지시하여 주십시오.
(단, 벽에 선이 닿을 경우 5초씩 추가, 벽을 넘으면 탈락입니다.)

4. 최종 시간은?

● 생각을 적어보세요!

1. 눈은 감고 할 때 느낌은?

2. 지시할 때의 느낌은?

Worksheet 2 활동지

● 자신이 속한 가정 또는 사회집단의 의사소통 구조를 그려 보세요.

_______________학과 _________________________학번 ______________이름

● 자신의 의사소통 요소를 분석하여 보세요.

휴대폰이 녹음 기능을 사용하여, 다음의 문장을 읽고 녹음하여 보십시오.

너에게 묻는다

-안도현-

너에게 묻는다
연탄재 함부로 발로 차지 마라
너는 누구에게 한번이라도 뜨거운 사람이었느냐
반쯤 깨진 연탄
언젠가는 나도 활활 타오르고 싶을 것이다
나를 끝 닿는데 까지 한번 밀어붙여 보고 싶은 것이다
타고 왔던 트럭에 실려 다시 돌아가면
연탄, 처음으로 붙여진 나의 이름도
으깨어져 나의 존재도 까마득히 뭉개질 터이니
죽어도 여기서 찬란한 끝장을 한번 보고 싶은 것이다
나를 기다리고 있는 뜨거운 밑불 위에
지금은 인정머리 없는 차가운, 갈라진 내 몸을 얹고
아랫쪽부터 불이 건너와 옮겨 붙기를
시간의 바통을 내가 넘겨 받는 순간이 오기를
그리하여 서서히 온몸이 벌겋게 달아 오르기를
나도 느껴보고 싶은 것이다
나도 보고 싶은 것이다
모두들 잠든 깊은 밤에 눈에 빨갛게 불을 켜고
구들장 속이 얼마나 침침하니 손을 뻗어 보고 싶은 것이다
나로 하여 푸근한 잠 자는 처녀의 등허리를
밤새도록 슬금슬금 만져도 보고 싶은 것이다

구분	본인평가	타인평가 (　　)
음질		
음폭		
음량		
음색		
억양		
발음		

웃는 얼굴 만들기

✲ 입꼬리가 처진 사람

"넌 왜 항상 표정이 뚱하니"라는 소리를 많이 들으시는 분은 아무래도 입꼬리가 선천적으로 쳐진 경우도 굉장히 많이 있습니다.

이런 경우는 입꼬리를 자꾸 올려주는 연습이 필요합니다.

위스키 와이키키 발성법!

정확하게 발음을 내는 것이 포인트인데요.

위스키의 경우 우+이 우이스키!라고 해주어야 하고

와이키키는 오아이 키키 이런 식으로!

의식적으로 2개월만 하면 입꼬리 근육이 발달한다고 해요.

✲ 눈과 입이 따로 웃는 사람

일부러 웃는 것은 물론 어려운 일입니다.

나름대로 열심히 웃었는데 가식적이라는 말을 듣는 분들도 굉장히 많이 있다고 하더라고요.

이런 경우는 입만 웃어서 그런 겁니다.

눈도 같이 웃어 주어야 하는데요.

양 손바닥을 펴서 손바닥이 마주보게 한 후에, 양손의 검지로 양 눈매를 지그시 눌러서 내려주어야 한답니다.

이렇게 하고 다섯을 마음속으로 세주고 반복해주세요. 이 모양을 기억하면 스마일 라인이 완성이 된다고 합니다.

✻ 미소가 자신이 없는 사람들

윗니가 한 8~10개 정도 보여야지 좋다고 하지요

그게 가장 예쁜 미소라고.

그러나 잇몸이 너무 많이 보일 때에 치아가 고르지 않거나 한 경우는 아무래도 부담이 있죠.

그럴 때에는 모나리자 미소 짓기 연습!

[출처] 웃는 얼굴 연습 스마일 트레이닝! | 작성자 행복나눔이

07

Chapter

경청(敬聽)

학습목표

1. 경청의 개념을 이해한다.
2. 경청의 방해요소를 나눌 수 있다.
3. 대화에서 경청을 사용할 수 있다.

우리는 일상생활에서 상대방이 힘들어할 때 공감하는 대신 조언을 하거나, 상대방을 안심시키고 싶은 강한 충동을 느끼며, 우리의 견해나 느낌을 설명하려는 경향이 많다.

- 교수님이 내주신 과제 때문에 힘들어하는 연인의 이야기를 듣는다면, 어떻게 답하여 주겠는가?

① 구글에 가서 검색하고, 그리고 국회도서관 사이트에 들어가 봐.

② 너는 그게 문제야, 조금만 어려우면 교수가 이상하다 하더라.

③ 그 수업 별 거 아니잖아. 신경쓰지 말고, 내가 먹을 거 사 줄게. 나와.

④ 나도 그 수업 힘들었어. 와! 다시 기분 나빠진다. 난 그때….

☞ 위에 내가 듣고 싶은 이야기가 있는가? 없다면 밑줄에 써보기 바란다.

____.

그렇다. 그러한 조언이나 격려는 일시적으로 상대방을 안심시킬 수는 있으나, 궁극적으로 상대방이 가지고 있는 문제를 해결하는 데는 도움을 주지 못한다.

이번 장에서는 타인과의 소통하는 데 기본이 되는 경청에 대해서 알아보고자 한다.

07

경청(敬聽)

1 경청의 개념

랭킨에 따르면, 사무실에서 근무하는 직장인에 경우 읽기는 16%, 말하기는 30%, 쓰기는 9%를 사용하는데 반해, 듣기는 45%를 차지하여 대부분의 의사소통이 듣기에 집중된다는 것을 알아냈다. 그런데 이렇게 듣기를 통한 의사소통이 직장인에게만 해당하는 것은 아니다. 요즘 SNS 메신저에 의한 소통이 늘어서 읽기가 좀 늘어나기는 하였으나 아직도 우리는 상대방과 이야기를 하고 들으면 의사소통을 하는 경우가 더 많고, 특히 상대방의 이야기를 이해하기 위해서는 듣기기능을 사용하는 경우가 더 많다.

경청(listening)에 대한 정의는 여러 가지가 있다. 경청을 한자로 보면 傾聽, 敬聽으로 '남의 말을 귀 기울여 주의 깊게 듣다'와 '남의 말을 공경하는 태도로 듣다'로 해석할 수 있다. 또한 청(聽)을 풀어보면 귀(耳)를 열고 열 번(十)을 보듯이 진지한 눈빛(目), 그리고 진심(一) 어린 마음(心)으로 왕(王)처럼 대하듯 듣는다면 상대방도 당신을 그렇게 대해서 듣는다는 뜻으로 풀이될 수 있다. 국제경청협회(ILA: The International Listening Association)는 경청을 메시지를 받아들이고, 메시지로부터 의미를 구성하며, 말로 된 메시지나 비언어적 메시지에 반응하는 것이라고 정의하였다. 이처럼 경청은 잘 들어주는 것을 넘어서 상대방의 내용, 정서, 욕구까지 복합적으로 이해하며 들어주는 것이라 하겠다.

2 경청의 방해요인

경청이 중요함에도 상대방의 말을 경청하지 못하는 이유는 매우 많다.

첫째, 첫마디만 듣고도 미리 결론을 내리고 답을 생각하며 듣는 것이다.

상대방이 무슨 말을 할 것인지 충분히 듣는 것이 아니라, 선입견, 지레짐작, 몇 가지 단어만에 집중하여 추론함으로써 상대방의 의사를 충분히 파악하지 못하는 것이다. 예를 들어, 이성친구가 "겨울이니까 손이 춥다", "손이 차지" 이런 이야기를 하였다면 당신은 무어라 답하겠는가. "겨울이라 그래", "손이 찬 거는 혈액순환이 안 되서 그래", "장갑 껴" 이런 대답을 생각하였다면, 당신은 이제부터 이 글을 더 잘 읽을 필요가 있을 것이다.

둘째, 상대방이 이야기를 할 때 자신이 할 이야기에 빠져서 듣는 경우이다.

대부분 사람들은 상대방이 이야기를 듣다보면, 자신이 다음에 어떤 말을 통하여 상대방에게 자신의 의견을 전달할지에 집중하다 보면, 상대방의 의사를 충분히 살피지 못하게 된다. 특히 이때 상대방의 허점이나 잘못된 부분을 찾아 한 번에 변화를 주는 이야기를 하려 한다면, 더 이상 상대방의 이야기는 주절주절 거리는 변명으로만 들리게 된다.

셋째, 자신이 알고 있는 지식이나 경험에 비추어 듣는 경우이다.

나이가 많고, 사회적으로 다양한 경험을 하며, 많은 사람은 만나도 세상의 모든 것을 알 수는 없다. 그럼에도 자신이 알고 있는 정보인 상식, 학력, 정보, 경험을 바탕으로 상대방의 말을 해석하고 분석하여 듣는 경우이다. 이런 사람들과 이야기할 때 자주 듣는 말은 "너는 몰라서 그러는데~~~"이다.

넷째, 듣고 싶은 말만 선택적으로 듣는 경우이다.

이야기의 전체맥락이나 의도를 파악하기보다는 자신에게 유리한 방향의 근거나 자신이 듣고 싶은 내용만을 집중하고, 그 외의 내용은 무시함으로 왜곡된 의사구조를 가지는 것이다. 이는 정치인들이 나오는 TV토론 프로그램에서 자주 볼 수 있을 것이다.

이외에도 타인과의 의사소통을 방해하는 언어습관에는 명령, 경고, 훈시, 충고, 교훈, 비판, 욕설, 진단, 칭찬, 안심시키기, 질문, 회피 등 우리가 잘 알고 잘 쓰면 상대방에게 의사전달을 잘하는 대화방법이지만, 적절하지 못하게 사용하는 경우에는 오히려 의사소통을 방해하는 요소로 작용한다. 또한 이러한 요인들은 타인과의 관계에서 뿐만 아니라 말하는 자신에도 부정적인 영향을 미친다. 따라서 누군가가 심리적인 고통을 받고 있을 때는 원인만을 규명하려 한다거나, 도덕적 설득을 하는 방법 또는 가르치고 확신을 주려고 하는 방법 등은 전혀 도움이 되지 않는다.

3 바람직한 경청 방법

존 H. 로아드는 '단순히 듣는 것보다 경청하라고 하였으며, 단순히 경청하기 보다는 상대방을 이해하며 들어야 한다'고 하였다. 이 말은 상대방을 이해하려는 노력하며 경청해야 함을 강조하고 있다. 그러나 우리는 일반적으로 대화 시에 경청이 아닌 단순히 듣기를 하는 경향이 있는데, 이는 대화를 이해하고자 하는 목적보다 자신의 욕구를 상대방에게 알리고자 하는 의도를 갖고 듣기 때문이다. 대답할 의도를 갖고 단순히 듣기를 하려고 할 때에는 나 중심으로만 생각하기 때문에 경청이 불가능할 뿐 아니라, 상대방의 진정한 의도를 파악할 수 없게 된다.

바람직한 경청에 대한 방법을 요약하자면 'CARESS'로 설명할 수 있다. '집중하라(Concentrate)', '인정하라(Acknowledge)', '질문하고 반응하라(Research & Respond)', '감정억제 연습을 하라(Exercise emotional control)', '비언어적 메시지를 포착하라(Sense the nonverbal message)', '조직화하라(Structure)'이다. CARESS를 풀어보면 경청을 위해서는 상대방의 얼굴을 바라보고, 눈을 마주치며, 이야기에 집중해주고, 상대방이 말한 것을 기억해주고, 정보를 이끌어내며, 공감하고, 상대방이 말하는 것을 모두 들어주려고 노력하는 자세로 고개를 끄덕여주는 반응을 가지는 것을 말한다. 즉, 언어적, 비언어적 반응을 모두 하는 것, 그것이 경청이라는 것이다.

4 소극적 경청

가장 일반적인 경청의 방법이다. 하지만 소극적 경청만으로도 상대방이 기분이 좋은 상태라면 그 기분을 더욱 좋게 할 수 있고, 힘들고 지치고 기분이 나쁘거나 화가 난 사람이 당신에게 이야기를 한다면, 이때 소극적 경청을 하는 것만으로도 상대방의 부정적인 감정을 줄일 수 있는 의사소통 방법이라 하겠다.

소극적 경청방법은 의외로 간단하다.

첫째는 주의집중하는 것이다. 상대방이 이야기할 때 그에게 주의를 기울이고, 상대방이 자신의 이야기를 듣고 있다는 것을 알 수 있도록 시선, 자세를 바로 하고 듣는 것이다.

둘째는 인정하기이다. 즉 내 의견을 바로 말하지 않고, 상대방의 이야기를 인정하고, 맞장구치는 것이다. '반복하기'와 '요약하기'만을 사용하여 이야기를 이어나가는 것이다. 이때 고개를 끄덕이거나, 메모를 하므로 상대방의 말에 집중한다는 모습을 보인다면 더욱 효과적이다.

셋째는 침묵을 유지하는 것이다. 조급하게 답하려고 하지 않아도 된다.

잘못하면 대답과 함께 자신의 생각이나 의견을 이어서 이야기함으로써 상대방이 이야기할 주도권을 빼았겼다 느껴 오히려 불편감을 가질 수도 있다.

넷째, 말은 짧게 하는 것이다. 상대방에게 자신의 의견을 이야기할 때는 1분 이내로 짧게 이야기하는 것이다. 그럴려면 상대방이 이야기할 때 무슨 이야기를 하였나 잘 들어야 이야기를 이어나갈 수 있을 것이다.

A : 난 어제 늦게 잠들어서 그런가 많이 힘들어.

B : 너 어제 늦게 잠들어 많이 힘들구나.

우리는 이런 소극적 경청을 여러 곳에서 경험한다. 콜센터의 상담원과의 대화에서, 백화점 고객센터의 직원과의 대화, 직장인들의 회의실에서 모습에서이다. 가끔 TV에 대통령이 주관하는 회의모습을 보면 수첩에 필기를 하면서 시선을 마주치고, 고개를 끄덕이는 모습을 볼 것이다. 이렇게 꼭 말이 아니더라도 행동으로도 소극적 경청이 이루어진다. 그렇다면 지금 이 책을 강의실에서 수업 중 읽고 있다면, 당신은 소극적 경청을 하고 있는가?

소극적 경청은 단지 귀를 열었다고는 하지만 상대의 말을 진심으로 듣는다고 보기는 어렵다. 단순히 음성으로 나온 말이 귀로 전달하는 수준인 것이다. 그래서 3번 이상 반복하여 소극적 경청을 쓰면 상대방이 나의 말을 무시하거나, 장난으로 받아들인다는 느낌을 가지게 된다.

5 적극적 경청

적극적인 경청이란 상대방의 입장에 서서 상대의 생각이나 기분을 이해하기 위해서 적극적으로 듣는 태도이다.

적극적 경청은 상대방의 말이나 표현에 대해 판단하거나 충고하지 않고 그가 표현하는 말뿐 아니라 행동, 표현 속에 숨겨져 있는 감정이나 사고까지 경청하는 것을 말한다. 즉, 적극적 경청은 상대방의 이야기를 비판하거나 판단하지 않고 있는 그대로 수용하며, 그의 감정을 진심으로 이해하려고 노력하며 듣는 것을 말한다.

적극적 경청을 위해서는 상대방의 말과 내용을 단순하게 '반복하기'나 '요약하기'만으로는 그 감정을 다 전달하기에는 어려움이 있다. 그래서 적극적 경청을 위해서는 상대방의 할 말의 객관적인 내용을 파악하고, 상대방의 감정이나 기분을 파악한 이후 상대방의 이야기 중 핵심이 되는 내용을 2~3문장으로 정리하여 말하는 것이 필요하다.

A: 발표 할 때 난 왜 이렇게 떠는 걸까? 안 떨고 잘하고 싶은데.

B: 너는 발표를 잘하고 싶은데 떨어서 속상하구나.

6 공감적 경청

공감적 경청이란, 말하는 사람의 이야기를 비판이나 판단 없이 그대로 수용하고 그 사람의 감정을 진심으로 이해하려고 노력하는 태도로 의사소통에 참여하는 것이다. 공감적 경청을 위해서는 상대방의 생각과 느낌을 알기 위하여 자신을 상대방의 위치에 놓고 생각하고 느끼는 것이 필요하다. 이때 상대방이 처한 상황을 왜곡하지 않고 있는 그대로 받아들이는 것이 중요하다. 다음으로는 상대방의 느낌을 가장 잘 나타낼 수 있는 단어를 찾는 것이다. 그리고 자신이 상대를 가장 잘 이해하고 있음을 구체적인 상황과 느낌을 담아 언어로 전달하는 것이다.

공감적 경청의 방법은 상대방의 말에 내용, 감정뿐만 아니라 그의 욕구까지 이해하고 말해 준다면 최고의 경청을 해주는 것이다.

7 효과적인 소통방법

효과적인 의사소통을 하기 위한 태도와 방법은 다음과 같다.

상대방의 이야기에 감정이입을 하고, 의사소통에 방해요소를 알고, 상대방의 말에 피드백을 주고받는 것이다. 특히 이때 상대방의 말을 경청하고, 권력과 허위에 의한 내용전달을 피하며, 되도록이면 1대 1로 의사소통을 하되, 타인을 수용하려고 노력하고, 자신과 타인을 신뢰하는 입장에서 의사소통을 하는 것이다.

상상만으로도 매우 어려운 일이다. 하지만 지속적인 연습을 통하여 이룰 수 있는 방법이기도 하다. 지금 시작하는 것이 중요하다.

● 아래 문항을 통해, 나는 얼마나 경청을 잘 하고 있는지 확인해봅시다.

상대방과 이야기하고 있을 때 나는...		대개 그렇다.	때때로 그렇다.	거의 그렇지 않다.
1.	어떻게 대답할지 구상한다.	▫ 1	▫ 3	▫ 5
2.	상대방과 시선을 맞춘다.	▫ 5	▫ 3	▫ 1
3.	필요할 경우 기록을 한다.	▫ 5	▫ 3	▫ 1
4.	말 속에 들어 있는 감정을 파악한다.	▫ 5	▫ 3	▫ 1
5.	상대방이 말하는 동안 다른 일에 대해 생각한다.	▫ 1	▫ 3	▫ 5
6.	이야기하고 있는 상대방을 쳐다본다.	▫ 5	▫ 3	▫ 1
7.	표정, 몸짓 등 중요한 신체언어를 주시한다.	▫ 5	▫ 3	▫ 1
8.	상대방의 말을 가로막고 지적을 한다.	▫ 1	▫ 3	▫ 5
9.	다른 요구들 때문에 주의분산된다.	▫ 1	▫ 3	▫ 5
10.	즉시 판단하거나 평가하지 않고 메시지를 경청한다.	▫ 5	▫ 3	▫ 1
11.	더 많은 정보를 얻기 위해 질문을 하며 말하는 사람에게 계속 이야기를 하도록 격려한다.	▫ 5	▫ 3	▫ 1
12.	이해 여부를 확인하기 위해 방금 들은 내용을 내 입으로 반복해 말한다.	▫ 5	▫ 3	▫ 1
	빈도별 합계 전체 합계 =	______ + ______	______ +	______

나의 경청 수준 진단하기 - 결과

- 44~55점: 당신은 적극적 경청자입니다.
- 28~43점: 훌륭한 경청자이지만 좀 더 개선할 필요가 있습니다.
- 12~27점: 경청기술을 개선하는 데 보다 집중해야 합니다.

Worksheet 1 경청연습해보기

원래 말	느껴지는 감정	나라면?	사용기법
저번에 엄마가 나한테 청소를 하라고 하는 거야.			
동아리방 후배가 요즘 뭐 하라고 해도 제대로 해오지를 않고, 자꾸 할 일을 까먹고 왜 저러는지 모르겠어.			
자기야. 자꾸 말을 듣지 않으니까 속상하고 볼 때마다 한숨만 나와.			
저번에 내가 선배랑 문제가 좀 있었어. 선배는 이 프로젝트를 자신이 원하는 방식으로만 나가려고 막 지시를 내리더라고, 근데 내가 보기엔 그것보다는 이렇게 하는 게 훨씬 나아서 내가 그렇게 하는 게 어떻겠냐고 물어봤는데 듣지도 않더라. 그래 놓고 일이 잘못되면 또 내 탓하겠지. 결국 자기가 프로젝트 계획을 잘못해서 그래 놓고는….			

________________학과 __________________________학번 _______________이름

감정을 표현하는 어휘들

긍정적인 표현들			
감격스럽다	아늑하다	반갑다	태연하다
근사하다	아름답다	벅차다	통쾌하다
기분좋다	아쉽다	뿌듯하다	편안하다
기쁘다	예쁘다	사랑스럽다	평화롭다
나는 듯하다	기쁘다	상쾌하다	포근하다
눈물겹다	위안이 되다	시원하다	행복하다
담담하다	자랑스럽다	신난다	황홀하다
든든하다	재미있다	신바람나다	후련하다
만족하다	전율을 느끼다	싱그럽다	훌륭하다
멋있다	즐겁다	흐뭇하다	짜릿하다
뭉클하다			

부정적인 표현들			
가슴 아프다	불안하다	답답하다	쓸쓸하다
가엾다	불쾌하다	당황스럽다	아쉽다
거부감을 느끼다	서글프다	두렵다	애석하다
걱정되다	서운하다	떨떠름하다	야속하다
겁나다	섭섭하다	멋쩍다	얄밉다
겸연쩍다	소름끼치다	몸서리처지다	어이없다
고독하다	속상하다	못마땅하다	억울하다
괘씸하다	슬프다	무섭다	외롭다
권태를 느끼다	신경질 난다	민망하다	울고 싶다
긴장되다	실망스럽다	밉다	울적하다
놀라다	쓰라리다	배신감을 느끼다	울화가 치밀다
분하다	저항감을 느끼다	복수심을 느끼다	원망스럽다
불만스럽다	절망적이다	부끄럽다	위축되다
불쌍하다	조심스럽다	북받치다	자책을 느끼다
주눅들다	참담하다	초조하다	후회스럽다
지겹다	처량하다	허탈하다	처절하다
짜증스럽다	울고 싶다		

08

Chapter

스트레스(Stress)

학습목표

1. 스트레스를 이해한다.
2. 스트레스의 원인을 분석할 수 있다.
3. 스트레스 대응전략에 대하여 학습한다.

우리는 어떤 상황에 스트레스를 받을까? 급하게 먹으려던 떡볶이가 흰 블라우스에 떨어졌을 때, 배고픈 저녁 하나 있던 참치 캔을 따려는데 고리만 떨어졌을 때, 최신 핸드폰을 구입하고 한 달이 지났는데 액정이 떨어져 금이 갔을 때, 로또의 번호를 하나하나 맞추어 나가는 그 짧은 시간, 참 많은 상황에서 우리는 스트레스를 받는다.

스트레스라는 단어는 매우 익숙한 단어이다. 시사교양프로에서부터 뉴스, 예능에 이르기까지 아침부터 저녁까지 스트레스가 우리를 얼마나 위협하는지에 대한 정보가 TV를 통해 흘러넘치게 전해지고 있다. 그만큼 스트레스가 위험하다는 뜻도 되지만, 다른 한편으로는 현대인의 일상이 스트레스에 매우 빈번히 노출된다는 뜻이라 할 것이다.

이번에서는 이 스트레스에 대해 알아보고자 한다.

08

스트레스(Stress)

1 스트레스(Stress)란?

그럼 무엇이 스트레스(Stress)인가?

우리는 생활 속에서 '스트레스 쌓인다', '스트레스 받는다'라는 말을 자주 사용한다. 스트레스(Stress)의 사전적 정의는 '심리학과 생물학에서 유기체의 기능을 교란시키는 긴장이나 장애'라고 한다. 또한 스트레스는 개인이 환경 내의 자극에 대해 복잡하고 역동적으로 상호작용을 하는 신체적 · 심리적 반응이라 하겠다.

스트레스의 정의는 시대와 학자, 사용되는 분야에 따라 매우 다양하지만, 스트레스가 라틴어인 'Stringer'에서 유래되었으며 그 뜻은 '팽팽하게 죄다'라고 알려져 있다. 그리고 현대의 우리들과 마찬가지로 삶의 질에 많은 영향을 미치는 요소라는 점은 공통적이다. 스트레스의 아버지로 불리는 Selye에 의하면 "스트레스란 신체가 어떤 외부자극에 대하여 보이는 비특이성 반응

(nonspecific response)이다"라고 정의하였다. 즉, 스트레스는 외부의 압력이나 요구를 의미하며, 이는 유기체의 생물학적 측면, 심리적 측면, 사회적 측면에서 적응과 조절을 필요한 상태라 하겠다.

표 8-1 스트레스 원인별 통계(2015)

구분	경제 문제	직장 생활	가족 문제	학업 문제	진로, 취업 문제	건강 문제	기타	계
15~19세	1.3	2.7	2.6	70.5	21.7	–	1.3	100
20~29세	5.7	47.2	15.5	2.9	23.1	5.6	–	100
30~39세	21.9	56.7	13.7	–	1.6	6.1	–	100

출처: 통계청, 태백지역.

현대사회를 살아가는 우리들에게 스트레스는 필연적으로 경험할 수밖에 없는 것이다. 이런 스트레스에 대처한다는 것은 우리가 환경의 변화에 적응해 나간다는 것을 의미한다.

2 스트레스 유형

스트레스의 유형에 따른 특징에 살펴보면 다음과 같다.

첫째, 자극기반 스트레스(Stimulus Based Model of Stress)는 환경자극을 스트레스로 보는 개념이다. 환경자극에는 외적인 환경적 조건부터 내적인 생리적 조건까지 다양한 자극이 포함된다. 자극기반 스트레스는 보편적으로 말하는 스트레스로 환경 속의 사건들에 중점을 두고 이와 같은 사건들이 인간에게 스트레스가 된다는 것이다. 예를 들어 학교 내에서는 새로운 학기의 시작, 전과, 복학, 휴학, 시험 실패, 친구나 교수와의 갈등 등 여러 가지 불쾌하거나 유쾌한 자극과 환경적 조건들이 높은 심리적 스트레스를 유발 할 수 있다.

둘째, 반응기반 스트레스(Response Based Model of Stress)는 주로 의학이나 생물학에서 주로 연구되는 것으로, 개인의 반응에 중점을 두는 관점이다. 이는 어떤 특정한 반응이나 반응군 자체를 스트레스로 보거나 스트레스 개념의 변수로 보는 관점이다. 이 관점에서 스트레스는 신체적, 생리적, 정서적, 행동적 평형상태가 붕괴되거나 변화하는 것에 대해 항상성을 유지하려는 반응이라 하겠다. 예를 들어, 학교 내에서는 학업 성취가 갑자기 떨어지거나, 잘 적응하던 학생이 갑자기 어긋나는 경우에 학생들에게 어떤 갈등이나 스트레스가 있어서 이로 인한 반응으로 학업성취나 학교생활 적응에 변화가 생겼다고 이해하는 것이 스트레스를 개인의 반응으로 간주한 예로 볼 수 있다.

Selye에 따르면 스트레스에 대해 신체적 · 정신적으로 반응한 결과로 인한 긍정적 · 부정적 사건 모두가 스트레스를 야기할 수 있으며, 그 스트레스는 긍정적이거나 부정적일 수 있다. 신체적, 정신적으로 고통스러운 상태를 의미하는 부정적인 스트레스는 디스트레스(Distress), 유기체로 하여금 활력을 유지시키고 기민하게 움직이도록 돕는 긍정적인 스트레스는 유스트레스(Eustress)라고 한다.

셋째, 상호작용기반 스트레스(Reciprocal Based Model of Stress)는 자극기반 스트레스와 반응기반 스트레스의 대안으로 제시된 개념으로, 스트레스를 개인과 환경이 복잡하고 역동적으로 상호작용하는 것으로 보고 개인의 인지적, 정서적 매개과정인 심리과정에 근거를 둔 관점이다. 이 관점은 개인과 환경

사이의 관계를 매개하는 인지적 평가와 대처를 중시한다. 즉, 개인은 환경의 자극요소와 그 반응을 매개할 뿐만 아니라 개인의 지각적, 인지적, 정서적, 생리적 특징 또한 환경의 중요한 일부분이고, 이는 환경에 영향을 준다는 관계론적 입장이다. 스트레스 사건은 개인의 부정적 반응에 직접적으로 영향을 주는 것이 아니라, 같은 스트레스 유발사건이라고 하더라도 반응하는 개인이 스트레스를 어떻게 받아들이고 해석하는지, 어떤 개인적인 능력이나 자원을 바탕으로 반응하는지가 중요하다는 것이다.

3 스트레스의 양면성

셀리는 스트레스를 유용한 스트레스(Eustress)와 해로운 스트레스(Distress)로 나누어 보았다.

유용한 스트레스(Eustress)란 우리가 불쾌하거나 고통스러운 환경에 처했을 때, 그 상황을 극복할 수 있도록 도와주는 반응이다. 유용한 스트레스는 위험한 상황에서 위기를 벗어날 수 있는 집중력을 주며, 인생을 보람 있게 하며, 이것이 없다면 우리는 제대로 자신의 책임을 다할 수가 없다. 즉, 유용한 스트레스는 우리의 생활 속에 있는 긍정적 에너지라 하겠다.

유용한 스트레스의 예를 들면, 시험을 보기 전 긴장함으로 인해 공부에 집중하고 암기력을 증진시킨다. 운동 중 긴장함으로써 사고예방과 성적 향상을 돕는다. 교통사고 발생 시 스트레스를 받는 운전자는 근육을 긴장시키고 운동반응을 증가시켜 위험을 피하게 된다. 즉, 스트레스가 삶의 긍정적 에너지로 사용되는 경우이다.

해로운 스트레스(Distress)란 질병으로 이어지는 스트레스를 말한다. 예를 들어, 스트레스로 인해서 궤양, 긴장항진(hypertension), 우울증을 유발하게 되는 경우를 가리킨다. 즉, 해로운 스트레스는 몸에 가해지는 육체적 · 정신적 문제의 원인이 되는 과도한 압력(strain)을 말한다. 이런 해로운 스트레스가 신체에 악영향을 미친다.

유용한 스트레스와 해로운 스트레스는 자극이나 상황에 따라 나누어지는 것이 아니다. 우리가 스트레스를 주는 자극이나 상황을 어떻게 받아들이고 해석하는가에 따라 긍정적 영향을 받거나 부정적 영향을 받게 된다.

어떤 상황이든, 과도한 스트레스를 만나게 되면, 마음이 편치 않은 정도를 넘어서 심한 긴장과 불안, 우울 등을 경험하게 된다. 일은 손에 잡히지 않고 이전에 자연스럽게 하던 모든 일이 낯설고 힘겹게 느껴지게 된다. 아무런 즐거움을 느끼지 못하고, 심한 경우, 우리 몸의 면역계를 무너뜨리면서 심각한 질환을 유발하는 등 강력한 스트레스가 전방위로 우리를 공격해 오게 되다.

그래서 스트레스는 적절한 수준으로 관리하는 것이 무엇보다 중요하다. 너무 낮은 스트레스 수준은 우리의 일상을 지루하고 단조롭게 만들지만, 너무 높은 스트레스 수준 역시 우리의 일상을 위협하며 소진되게 된다.

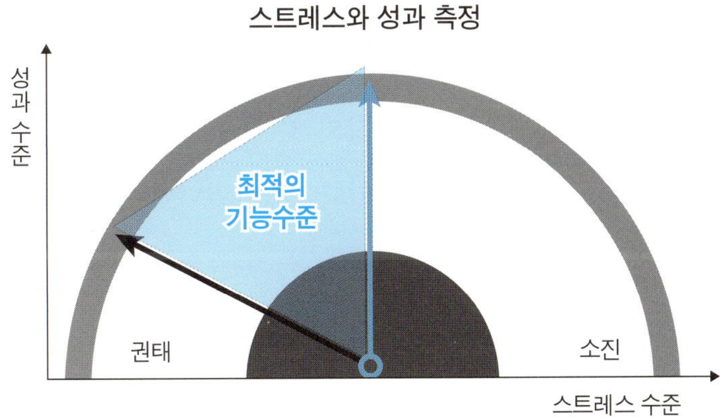

그림 8-1 스트레스 수준에 따른 효과성

최선의 성과, 성취는 적절한 스트레스 수준에서 나온다. 일반적으로 30%~50% 중간 정도의 스트레스를 경험하고 있을 때 효율적인 행동을 하게 되는 최적의 상태라고 할 수 있다.

4 스트레스의 수준

우리는 수없이 많은 이유로 스트레스를 경험하게 된다. 스트레스를 보다 체계적으로 관리하기 위해서는 우리가 현재 스트레스 수준을 알아볼 필요가 있다. 스트레스에 대해서 알아보는 방법은 다양하지만, 가장 대표적인 '사회적 재적응 평정척도(SRRS)'와 'A유형 행동'에 대해서 알아보고자 한다.

1) 사회적 재적응 평정척도

사회적 재적응 평정척도(Social Readjustment Rating Scale: SRRS)는 홈즈와 라헤가 어떤 사람이 특정기간 동안 어느 정도의 스트레스를 경험하는가를 측정하기 위해 고안하였다. 이 척도는 일상의 사건들이 더 좋거나 더 나쁘거나 간에 개인의 생활양식에 변화를 일으키고, 그로 말미암아 적응을 필요로 하기 때문에, 스트레스를 주는 것으로 생각되는 43개의 사건들의 목록을 정하였다. 그리고 각 사건마다 그것이 요구하는 변화의 양에 따라 특정한 값을 주었다.

표 8-2 사회적 재적응 평정목록

※ 지난 1년간 경험한 사건에 ✓표시하시오.

생활사건	점수	표시	생활사건	점수	표시
배우자 사망	100		자녀의 가출	29	
이혼	73		친척과 불화	29	
별거	65		뛰어난 성취	28	
유치장 구류	63		배우자의 재취업/사직	26	
가족의 사망	63		입학/졸업	26	
병, 상해(본인)	53		주거환경 변화	25	
결혼	50		습관의 변화	24	
해고	47		상사와의 불화	23	
별거 후 재결합	45		업무환경 변화	22	
퇴직	45		이사	20	
가족의 질병	44		전학	20	
임신	40		취미생활의 변화	19	
성적 어려움	39		종교생활의 변화	19	
새 가족이 생김	39		사회활동의 변화	18	
직업 재적응	39		월급 1달치의 빚	17	
경제적 변화	38		수면의 변화	16	
친구의 사망	37		가족모임 횟수변화	15	
부서이동	36		식습관 변화	15	
배우자와의 논쟁	35		휴가	13	
월급 2달치의 빚	31		크리스마스	12	
대출로 인한 압류	30		작은 위반행위	11	
직무책임의 변화	29		합계점수		

SRRS는 지난 1년 동안 경험한 사건들을 확인해서 각 사건에 할당된 점수들을 합하면, 그 사람이 경험한 스트레스의 양을 결정이 된다.

일반적으로 총점이 150점 이하면 정상으로 간주되고, 150~199점은 경미한 스트레스, 200~299점은 중간 정도의 위기를 의미하며, 300점 이상은 중대한 인생의 위기를 의미한다.

우리에세 가장 스트레스를 주는 사건은 배우자의 사망, 이혼, 별거 등 상실과 관련된 경험이 가장 스트레스를 주는 것으로 나타났다. 그런데 상위권에 올라간 사건 중에는 결혼과 임신, 출산 등 긍정적인 생활사건도 포함이 되어 있다. 또 보직의 변경, 이직 등 직무상의 변화 역시 스트레스 사건으로 올라가 있는데, 이러한 변화가 부정적이든 긍정적이든 상관없이 직무상의 변동은 스트레스를 유발하는 것으로 알려져 있다.

놀라운 것은 사회적으로 긍정적인 눈에 띄는 성과나 성취를 내는 경우 역시 우리에게 스트레스를 주고, 휴가나 크리스마스 역시 우리에게 스트레스를 주는 생활사건으로 리스트에 올라가 있다는 것이다. 물론 이 리스트는 미국에서 만들어진 것이라, 우리에게 그대로 적용하는 데는 한계가 있지만, 일상의 부정적 사건뿐 아니라 긍정적 사건 역시 우리 마음과 몸에 긴장을 주며, 스트레스를 유발한다는 것을 이 척도를 통하여 알 수 있다.

2) A유형 행동

다음 A유형과 B유형의 성격검사지는 미국의 심장병 전문의 프리드먼과 로즈먼에 하여 처음으로 명명된 성격유형이다.

A유형의 성격의 특징은 다음과 같다.

표 8-3 〈성격유형 검사지〉 A유형

구분	매우 아니다	조금 아니다	조금 그렇다	매우 그렇다
1. 나는 약속시간에 늦는다든가 또는 일이 느리게 진행되는 것을 참지 못한다.	1	2	3	4
2. 나는 줄서서 기다리는 것을 싫어한다.	1	2	3	4
3. 사람들은 내가 쉽게 흥분한다고 말한다.	1	2	3	4
4. 나는 일과 오락을 경쟁적으로 하려고 한다.	1	2	3	4
5. 나는 내가 해야 할 일을 미루고 잠시 쉬고 있을 때면 죄의식을 갖는다.	1	2	3	4
6. 나는 대화에서 다른 사람이 느리게 말할 때 말을 가로챈다.	1	2	3	4
7. 나는 심한 압력하에 있을 때 쉽게 흥분하고 화를 낸다.	1	2	3	4
8. 나는 시간을 정해 놓고 강박적으로 일을 한다.	1	2	3	4
9. 나는 내가 하고 싶은 일이 다른 사람에게 좌우되는 것을 싫어한다.	1	2	3	4
10. 나는 현실적으로 그렇게 할 필요가 없을 때에도 나 자신을 몰아세운다.	1	2	3	4

각 문항에 대한 숫자의 합이 24가 넘으면 A유형, 30이 넘으면 극단적 A유형이라고 할 수 있습니다.

시간에 대한 주관적인 임박감이 크며, 제 시간에 일을 마쳐야 하고, 적은 시간에 많은 일을 하려는 경향이 크기 때문에 늘 초조하고 바쁘다. A유형이 시계 없이 하루를 보낸다는 것을 상상할 수 없다. 극도의 경쟁심으로 어떤 상황이든지 무조건 이기려고 한다. 이것은 친선 게임이나 경쟁적 속성을 지니지 않은 놀이에서도 경쟁적으로 경기를 이끌어 나가며, 결국 자신이 이기기 위해서 위기감을 조성하는 경우가 많다. 이들은 일을 하지 않고 가만히 있으면 죄책감과 불안감이 들기 때문에 워커홀릭(workaholic)이라는 이야기를 들으며 밤낮이나 휴일 없이 일에 몰두한다.

건강에 있어서도 A유형 성격의 소유자들이 스트레스를 받으면 스트레스와 관련하여 호르몬의 분비, 혈압의 상승 및 심장박동의 증가 등 교감신경계가 민감하게 흥분된다. 심장질환을 겪고 있는 사람의 약 70%는 순수한 A유형의 사람들이며 30%는 A유형과 B유형이 혼합된 사람이라는 조사결과가 있을 만큼 이들에게는 심장 관련 질환은 매우 빈번이 발생한다. 예술적인 소양에 관심이 낮아 그림이나 연극, 음악, 시 등 예술 관련 관람하는 일이 매우 적으며, 대화도 감성적이고 상대에 의견에 공감하기보다는 시간, 일, 성취 등에 집중되어 있다.

이처럼 일에 최선을 넘어 혼신을 다하는 A유형임에도 조사하여 보면 회사의 최고경영층이 되는 경우는 거의 없다.

프리드먼과 로즈먼은 A유형의 남자들이 B유형의 남자들에 비해 10년 이내에 심장질환에 걸릴 확률이 3배나 높다는 것을 발견하였다. 이후 글래스는 A유형의 사람들은 환경에 대한 그들의 통제를 위협하는 해로운 스트레스에 민감하며, 이러한 반응성으로 인해 심장질환에 걸릴 가능성이 증가한다고 주장하였다. 또한 바론은 A유형의 성격을 가진 관리자들에게서 대인관계 갈등이 더 많이 나타난다고 하였다. 그 외에도 A유형의 운전자들이 B유형의 운전자보다 사고율이 더 높다는 것을 발견하고, 이러한 성격유형이 교통사고와도 관련이 있다는 것이 밝혀졌다.

A유형 성격의 대표적인 인물은 '미생'에 나오는 마부장이라 할 수 있다. 대학생 중에는 이런 경우 연애나 동아리 활동보다는 수업과 도서관을 오고가며, 혼자서 경쟁상대를 만들어 학업으로 이기거나, 상대보다 좋은 학업성취를 이김으로써 자기만족을 가지려고 하지만, 실제는 본인이 원하는 성취를 얻어도 만족하지 않고 다시 학업이나 토익성적, 자격증 취득 등에 매달려 대학생활을 보내는 경우가 많다.

B유형은 위에서 제시된 A유형의 성격과는 반대되는 성향을 가진다.

B유형의 성격은 덜 쉽게 좌절하고, 좌절하더라도 느긋한 태도를 보인다. 또한 온화한 표정, 침착하고 조용한 사려 깊은 태도, 가벼운 악수, 적당한 걸음속도, 부드럽고 나직한 목소리가 그들의 일반적인 특징이며, B유형의 성격은 융통성이 있고 현실적이기 때문에 스트레스를 덜 받는 경향이 있다.

5 스트레스 대응전략

스트레스라는 강한 훅을 한 대 맞아도 다시 일어서는 능력, 좌절상황에 그대로 주저앉지 않고 다시 일어서는 능력을 평소에 가지는 것은 무엇보다 중요하다. 자신에게 어려움을 주는 모든 문제는 해결이 가능하다는 믿음으로 다시 일어서는 능력, 이것을 탄력성(Resilience)라 한다.

1) 심리적 대표 강점을 강화하라

심리적 강점이란, 성과와 관련이 있다. 즉, 우리가 목표로 하고 있는 최선의 성과를 얻기 위해 내가 가진 기능들이 최적으로 발휘될 수 있도록 느끼고 생각하고 행동하게끔 하는 심리적 역량이다. 우리가 가장 최선의 성과를 내는 경우는 우리가 가장 좋아하는 것을 할 때이기 때문이다. 좋아하는 것, 신호하는 것, 나의 시선을 사로잡고 나의 마음을 움직이게 하는 것, 뭔가 우리 속에서 꿈틀거리게 만드는 것, 그것이 바로 우리가 좋아하는 것이고, 그렇게 꿈틀거리게 만드는 힘이 심리적 강점인 것이다.

재미있는 연구결과는 사람들에게 부정적인 것을 개선시키는 것보다, 잘하는 것, 긍정적인 것을 키우도록 하는 것이 훨씬 효과적이라는 것이라는 것이다. 예를 들어, 그림과 연극을 좋아하고 잘 하지만, 토익공부하기 싫어하는 학생에게 선배들이 그의 약점인 영어공부를 잘해야 한다며, 토익학습스터디와 토익학원을 추천하고, 같이 다니자며 공부를 한 경우 학생의 약점인 토익 점수는 나아질 것인가?

드물게 약점이 개발되는 경우가 있지만, 보다 많은 경우는 강점도 제대로 활용하지 못하고, 약점도 별로 달라진 게 없는 그저 그런 상태에 머무는 경우가 많다. 그렇기 때문에 우리는 우리의 강점에 주목해야 한다. 무엇에 가슴이 뛰고 몰두할 수 있으며, 열정을 불태울 수 있는지, 나의 대표강점을 찾는 것은 그래서 더욱 중요하다 하겠다. 우리는 최고강점, 대표강점을 사용할 때 더 몰두해서 생산적이고 성공적으로 일할 수 있으며, 더 건강하고 행복해질 수 있다.

2) 주의를 집중하라

지금 이 순간 내 안의 생각과 감정들에 대해 비판단적이고 객관적인 자세를 유지하며 바라보는 것이다. 주의집중은 2분간 편하게 앉아 있는 것으로 시작한다. 이때 자세는 편안하면서도 동시에 청명한 상태를 유지할 수 있는 자세로 앉은 것이다. 그리고 잠시 눈을 감는다. 그러고 자연스럽게 숨을 쉬면서 아주 부드럽게 호흡에 주의를 집중한다. 4초 간격으로 천천히 숨을 들이쉬고 잠시 정지했다가 다시 천천히 내쉬며, 릴랙스(relax)라고 말하며, 스스로를 안정시키기 위한 자기대화를 지속적으로 실시한다. 이때 호흡에 집중하고, 콧구멍이나 복부, 또는 호흡에 수반되는 모든 것들에 주의를 집중하는 것이 중요하다. 이때 몸이 편안해지는 것은 좋지만, 잠들지 않게 깨어 있어야 한다.

3) 몸 스캔하기이다

자신의 몸을 스캔하는 것이다. 우리 몸은 감정을 담는 그릇이다. 때로 나는 알아차리지 못한 감정을 나의 몸이 알아차리고 기억할 때도 있다. 우리의 감정에 따라 우리 몸은 심장이 뛰고 숨이 차며, 손에 땀이 나는 등 다양한 변화를 보인다. 따라서 우리 몸을 천천히 스캔하는 것은 나의 감정을 살피는 아주 좋은 방법 중의 하나이다.

몸 스캔은 간단하다. 앞서 주의집중 호흡과 마찬가지로 우리 몸의 각 부분에 순간순간 주의를 기울이면 된다. 마치 공항검색대에서 머리부터 발까지 차례로 검색을 해나가는 것처럼 천천히 위에서 아래로 내려가며 몸의 감각을 느껴보는 것이다.

4) 감정스캔하기이다

감정스캔을 위한 몇 가지 사전조사가 필요하다.

- **행복하고 즐거웠던 사건에 대한 기억은 언제인가?**
- **최상의 컨디션을 유지하고 매우 생산적이었던 때는 언제이었는가?**
- **최고의 자신감, 나의 전성기라고 느꼈던 때는 언제 이었는가?**

위와 같은 질문에 생각나는 그때 경험했던 나의 감정은 어떤 것들이었는지 생각해보는 것이다. 다음으로 다음의 질문에 답하여 보는 것이다.

- **떠올릴 수 있는 불행했던 사건은 무엇이었습니까?**
- **좌절하고 분노했으며, 자존감에 깊은 상처를 받았던 사건은 무엇이었습니까?**
- **막막함과 깊은 슬픔에 울컥했던 그 때는 언제였나요?**

이 질문에 생각나는 그때 경험했던 나의 감정은 어떤 것들이었는지 생각하여보는 것이다.

그러고 지금에 느끼는 몸과 마음의 상태는 어떠한가 살피는 것이다. 그리고 기억하는 것이 중요하다. 행복하던 불행하던 모든 순간은 지나간다는 것을, 그러므로 그 순간의 감정에 휩싸이지 않고 잠시 멈추어 돌아볼 수 있는 능력을 훈련을 통하여 가져야 하는 것이다.

Worksheet 1 스트레스 평가하기

스트레스 반응 평가하기

- 최근 2주에서 한 달 사이 아래와 같은 증상을 경험하셨는지 체크해보세요.

스트레스 반응	분류
□ 두통 □ 피로감 및 근육통 □ 수면곤란(자주 깨거나 쉽게 잠들지 못함) □ 성욕의 감퇴 □ 소화불량 및 체중감소 □ 감기, 몸살 등 잦은 질병	신체적 반응 ( )
□ 불안, 초조 □ 무기력감 □ 자주 화가 나고 짜증이 남 □ 이유 없이 슬프고 우울함 □ 자신감이 떨어짐 □ 주의집중이 잘 안 됨 □ 자주 깜박깜박함	심리적 반응 ( )
□ 식욕이 없거나 과식/폭식 □ 과음, 과흡연 □ 대인관계 위축 □ 이유 없이 눈물이 남 □ 충동적인 행동으로 후회	행동적 반응 ( )

응답하신 분들은 오른 편에 신체적, 심리적, 행동적 증상들 각각의 개수를 적어 봅니다. 각 항목별로 2개 이상의 증상이 2주 이상 지속된 경우에는 현재 적극적인 스트레스 관리가 필요하다는 것을 의미합니다.

________________학과 ________________________학번 ________________이름

Worksheet 2 대학생 생활스트레스 척도

● 각 항목을 자세히 읽어보고, 그 사건이 지난 1년 동안 당신에게 얼마나 자주 일어났었는지와 얼마나 중요했었는지를 표시하여 주시기 바랍니다.

경험빈도: ① 전혀 없었다. ② 조금 있었다. ③ 상당히 있었다. ④ 자주 있었다.

	문항	항목 1	항목 2	항목 3	항목 4
1	취업을 위한 준비가 계획대로 진행되지 않았다.				
2	졸업 후 취직을 못할 것 같아 걱정했다.				
3	진로와 취직에 필요한 정보를 얻기 힘들다.				
4	사회적 편견 때문에 취업이 어렵다고 생각했다.				
5	경제적으로 부족해서 대학생활이 위축되었다.				
6	학자금 조달이 어려웠다.				
7	용돈이 부족해서 행동에 제약을 많이 받았다.				
8	경제생활이 어려워서 취미생활을 충분히 할 수 없었다.				
9	나의 가치관이 올바른 것인지에 대해 회의에 빠졌나.				
10	왜 사는지에 대한 의문 때문에 방황했다.				
11	내가 중요하다고 생각하는 가치를 실천하지 못했다.				
12	공부해야 할 과제의 분량이 너무 많았다.				
13	노력한 만큼 성적이 나오지 않았다.				
14	공부가 너무 어려웠다.				
15	취업이나 진로에 필요한 적성을 알 수가 없어서 고민했다.				
16	졸업 후 진로를 결정하지 못해 방황했다.				
17	대학을 졸업하더라도 가족들의 기대만큼 성취하지 못할 것 같은 생각이 들었다.				

__________ 학과 __________ 학번 __________ 이름

문항		항목 1	항목 2	항목 3	항목 4
18	사회적 불안정 때문에 직장을 얻기가 어렵지 않을까 생각했다.				
19	집안의 경제사정이 악화되었다.				
20	사 입고 싶은 옷을 살 돈이 없었다.				
21	경제적으로 친구들과 수준 맞추기가 힘들었다.				
22	확고한 인생관이 없어서 방황했다.				
23	이상과 현실간의 격차 때문에 갈등을 경험했다.				
24	공부해야 할 내용이 너무 많았다.				
25	성적이 나빴다.				
26	전혀 공부가 적성에 맞지 않았다.				
27	중요한 시험을 잘 치지 못했다.				
세로합계					

항목 1: 장래문제 스트레스, 항목 2: 경제문제 스트레스

항목 3: 학업문제 스트레스, 항목 4: 가치관문제 스트레스

Worksheet 3 다양한 스트레스 대처방법

스트레스 대처행동은 스트레스 요인으로부터 피해를 최소화하기 위해 개인이 행하는 노력으로 스트레스를 어떻게 대처하느냐에 따라 오히려 성장의 촉진요인이 되기도 한다(Pearlin & Schooler, 1978; Moos & Billing, 1984; Lazarus, 1981; Jounard, 1975).

1. 충분한 휴식을 취한다.
2. 균형 잡힌 식사를 한다. 신선한 과일, 야채, 곡류의 소비, 아침식사를 권장한다.
3. 정기적으로 운동을 한다.
4. 학업, 일과 여가 선용의 균형을 맞추도록 한다.
5. 생각을 멈춘다.
6. 부정적인 생각을 긍정적인 생각으로 바뀐다.
7. 스트레스를 느낄 때 자신을 다스리는 혼잣말을 준비한다.
8. 자신과 남에 대해 관대해진다.
9. 명상법을 사용한다.

나는 주로 ________________ 대처행동을 사용하여 스트레스를 풀고 있다.

- 나의 대처행동의 좋은 점은?

- 나의 대처행동의 나쁜 점은?

________________학과 ________________________학번 ______________이름

대표 강점

- 본인의 대표 강점을 적어 보세요.
  1. 10분간 본인의 강점을 적습니다.
  2. 가족, 친구, 아는 분들에게 문자로 물어 보아 적습니다.
  3. 옆사람에게 물어 적습니다.

구분		
내적 강점	1.	2.
	3.	4.
	5.	6.
	7.	8.
	9.	10.
외적 강점	1.	2.
	3.	4.
	5.	6.
	7.	8.
	9.	10.
환경적 강점	1.	2.
	3.	4.
	5.	6.
	7.	8.
	9.	10.

이 중 본인의 대표 강점을 5개 골라 보십시오.

닭이 되어 버린 독수리

어느날 오솔길을 따라 걸어가던 인디언 청년 한 명이 둥우리에서 떨어진 독수리 알을 하나 발견합니다. 알을 되돌려 놓기에 둥우리는 너무나 높았습니다. 인디언 청년은 알을 가까운 닭 우리에 놓습니다. 곧 알은 부화됩니다.

어린 독수리는 병아리들 틈에서 자라게 됩니다. 그리고 닭들이 하는 행동을 그대로 따라합니다. 그리고 생각합니다. '난 닭이야'라고.

닭은 아주 짧은 거리만 날 수 있었습니다. 독수리 역시 짧은 거리만 날았습니다. 닭이라고 생각한 독수리는 딱 그만큼만 날 수 있을 거라고 생각했으니까요. 할 수 있다고 생각한 만큼만 독수리는 할 수 있었습니다. 그러던 어느날 하늘을 높이 나는 새를 봅니다. 감명을 받은 독수리가 옆에 닭에게 묻습니다. "저 새는 뭐야?", "저건 새들의 왕인 독수리지. 독수리는 하늘의 동물이고 우리는 땅을 디디고 살아야 하는 닭이야"

닭이 되어 버린 독수리가 살던 그 집에 어느 날 집주인 친구가 방문합니다. 닭들과 먹이를 쪼아 먹고 있는 독수리를 발견한 친구가 이렇게 묻습니다.

"저것은 독수리가 아닌가?"

그러자 집주인은 답을 합니다.

"그렇기는 하네만, 이제는 지가 닭인 줄 알고 살고 있지."

그러자 그 친구는 이렇게 말합니다.

"독수리는 독수리라네. 하늘을 날아야 하는 생물이지"

그리곤 독수리를 절벽 끝으로 데리고 가 하늘을 향해 힘껏 날려 보냅니다. 그러면서 독수리에게 이렇게 외칩니다.

"넌 독수리야. 날아"

하늘로 던져진 독수리는 절벽 아래로 끝없이 떨어지는 듯하더니, 어느 순간 균형을 잡으며 창공을 향해 힘차게 날아오르고 있었습니다.

- 닭이 된 독수리가 창공을 향해 날아오릅니다. 어떻게 날 수 있었을까요?

- 독수리의 본능, 집주인 친구의 선견지명 혹은 오기?

Chapter 09

우울과 자살

학습목표

1. 우울장애의 특징에 대해서 이해한다.
2. 우울극복 방법에 대해서 이해한다.
3. 자살예방에 대하여 학습한다.

'마음의 감기', 이는 우울증에 붙은 별명이다.

체력이 떨어지고, 피곤이 쌓인 가운데 몸을 차갑게 하면 우리는 감기에 걸리곤 한다. 그와는 다르지만 각종 세균이나 바이러스가 우리 몸에 침투하여도 우리 몸은 감기와 유사하게 발열, 근육통, 기침, 식은 땀들을 흘리며 감기와 유사한 증상을 먼저 보인다. 하지만 주위에서 이를 무시하다 큰 병으로 발전하여 생명의 위협을 받는 경우를 목격하게 된다. 그래서 감기라 하더라도 초기에 적극적인 치료가 중요하다.

마음의 건강도 이와 같다. 마음에 상처를 받으면 수면시간이 줄고, 심한 경우 불면이 오기도 한다. 식욕의 감소나 아니면 폭식, 무기력함, 자포자기, 자책 등에 빠지는 경험을 하게 된다. 이때 적절히 치유하지 않으면 우울감은 우울증이 되고, 이보다 심각한 정신질환으로 변형 및 발전하게 된다.

이번 장에서는 '마음의 감기, 우울증'에 대해서 알아보고자 한다.

09

우울과 자살

1 우울장애

우울이란 인간이 성장하면서 흔히 경험할 수 있는 일반적인 정서이며, 동시에 광범위한 측면, 즉 지각, 판단, 기억, 인지사고, 대인관계에 이르기까지 해로운 영향을 미치는 부정적인 마음상태이다. 우울은 슬프고 불행한 감정을 말하며, 이는 자연스러운 감정의 변화이다. 따라서 우울증과는 다르다. 우울증이란 '무엇이 밑으로 내려가고 감소된다'라는 뜻이다. 기분이 가라앉음에 따라 생기, 추진력, 생명의 힘 등이 줄어들게 되는 것이 우울증의 증상이다.

미국정신의학회(American Psychiatric Association)가 2013년 개정한 DSM-5(Diagnostic and Statistical Manual Mental Disorders-5, 정신질환 진단 및 통계편람 제5판)에 따르면 우울장애로 명명되어 있으며, 그 중 '주요우울장애'를 우울증이라

이야기한다. 이 책에서도 주요 우울장애를 우울증로 통일하여 기술한다.

DSM-5에 따른 진단기준은 다음과 같다.

- 다음의 증상 가운데 5가지(또는 그 이상)이 2주 연속으로 지속되며 이전의 기능 상태와 비교할 때 변화를 보이는 경우, 증상 가운데 적어도 하나는 (1) 우울한 기분이거나, (2) 흥미나 즐거움의 상실이어야 한다.

(1) 하루 중 대부분 그리고 거의 매일 지속되는 우울 기분에 대해 주관적으로 보고(예, 슬픔, 공허함 또는 절망감)하거나 객관적으로 관찰됨(예, 눈물 흘림)
(주의점: 아동, 청소년의 경우는 과민한 기분으로 나타나기도 함)

(2) 거의 매일, 하루 중 대부분, 거의 또는 모든 일상 활동에 대해 흥미나 즐거움이 뚜렷하게 저하됨.

(3) 체중조절을 하고 있지 않은 상태에서 의미 있는 체중의 감소(예, 1개월 동안 5% 이상의 체중변화)나 체중의 증가, 거의 매일 나타나는 식욕의 감소나 증가가 있음
(주의점: 아동에서는 체중증가가 기대치에 미달되는 경우)

(4) 거의 매일 나타나는 불면이나 과다수면

(5) 거의 매일 나타나는 정신운동 초조나 지연(객관적으로 관찰 가능함, 단지 주관적인 좌불안석 혹은 처지는 느낌뿐만이 아님)

(6) 거의 매일 나타나는 피로나 활력의 상실

(7) 거의 매일 무가치감 또는 과도하거나 부적절한 죄책감(망상적일 수도 있는)을 느낌(단순히 병이 있다는 데 대한 자책이나 죄책감이 아님)

(8) 거의 매일 나타나는 사고력이나 집중력의 감소, 또는 우유부단함(주관적인 호소나 객관적인 관찰 가능함)

(9) 반복적인 죽음에 대한 생각(단지 죽음에 대한 두려움이 아님), 구체적인 계획 없이 반복되는 자살사고, 또는 자살시도나 자살수행에 대한 구체적인 계획

2 우울증의 발생원인

유전적 요인으로 유전성은 30~70% 정도이며, 우울증 환자의 직계가족의 경우 특히 우울증이 일찍 발생하고, 계속 재발하는 우울증 환자가 있는 경우 우울증이 없는 사람의 직계가족보다 우울증 유병률이 2~3배 높다고 알려져있다. 따라서 주요 우울증 발병에 유전적 요소가 작용하는 것은 명확하나, 유전적 요소로 설명되지 않는 요인들도 발병에 영향을 준다.

생체주기 요인으로는 수면시간의 이동과 감소, 야간활동 증가 및 야간에 과도한 빛 노출 등이 생체주기에 교란을 가져오고 이것이 우울증 등의 기분장애, 수면장애, 주의력 등 인지기능 저하 등을 유발하게 된다.

생화학적 요인으로는 뇌 안에 있는 신경전달물질(노르에피네프린, 세로토닌, GABA 등)과 갑상선질환이나 내분비질환으로 인한 호르몬(갑상선, 성장호르몬, 시상하부-뇌하수체-부신피질 축) 이상, 생체리듬의 변화와 관련 있다.

심리적 원인으로는 자신이 없는 낮은 자아존중감과 남에게 의지하려는 의

존적 성격, 무슨 일이든지 완벽하여야 된다는 완벽주의적인 것이 주요 요인이다.

사회적 요인으로는 강도나 강간 같은 본인이 감당하기 힘든 충격적인 사건과 이혼 또는 사별을 포함하는 이별과 같은 부정적인 사건에서 오는 스트레스가 원인이 된다.

환경적 요인으로 스트레스만으로 주요 우울증애가 생기는 것은 아니지만 증상발현에 영향을 준다. 그러므로 이런 스트레스 요인으로는 삶에 있어서 대처하기 어려운 상황들로 사랑하는 사람과의 이별, 경제적 문제, 그리고 강한 스트레스 등을 예로 들 수 있다.

3 취업스트레스와 우울

인간은 일상에서의 즐거운 일을 통해 기쁨을 느끼고, 불행한 일을 경험하며 슬픔과 괴로움 혹은 고통을 느끼기 때문에 주관적으로 인식하는 행복은 개인의 삶의 사건 혹은 상황과 무관할 수 없다. 우리나라 대학생의 행복에 관한 연구에 따르면 대학생들에게 있어 행복 관련 사건은 용돈, 혹은 월급을 받는 것이 가장 영향력이 크고, 불행사건의 경우 취업에 대한 걱정을 하는 것이 가장 영향력이 큰 것으로 나타났다.

취업스트레스와 정신건강과의 관계에 대해서 대학생활 적응, 신체증상, 불안, 인터넷중독 및 도박행동 등에 영향을 미치며, 그중에서도 취업스트레스가 우울에 큰 영향을 미치는 것으로 나타났다. 최근의 여러 연구들에 따르면 취업스트레스가 높아질수록 '복지 · 안녕 · 행복'을 뜻하는 웰빙(Well－being)이나 행복감은 낮아지는 반면, 친구나 지인, 가정을 포함하여 사회적 지지가 많을수록 취업스트레스를 줄어드는 것으로 나타났다.

4 우울과 자살의 관계

우울은 한 개인이 인생을 살아가는 데 좋지 않은 영향을 미치는 부정적 정서 중 현대인에게 가장 많이 문제가 되고, 때로는 심각한 결과를 초래하는 요인이기도 하다.

이런 우울증이 무서운 이유 중의 하나는 우울증과 자살은 실과 바늘의 관계이기 때문이다.

자살의 용어는 사전적으로 '대부분 일반적인 고의로 자신에게 부과하는 죽음', 즉 '자기살인'을 뜻한다. 우리나라 통계청에서는 자살이라는 용어를 '고의적 자해(이하, 자살)'로 표기하고 있다. 세계보건기구(WHO, 2001)에서는 자살에 대해 자살행위로 인하여 죽음을 초래하는 경우로 죽음의 의도와 동기를 인식하면서 자신에게 손상을 입히는 행위라고 정의하고 있다 즉, 자살은 직 · 간접적 자해행위로. 자신으로부터의 도피로 치명적인 결과를 초래하는 행위의 결과이다.

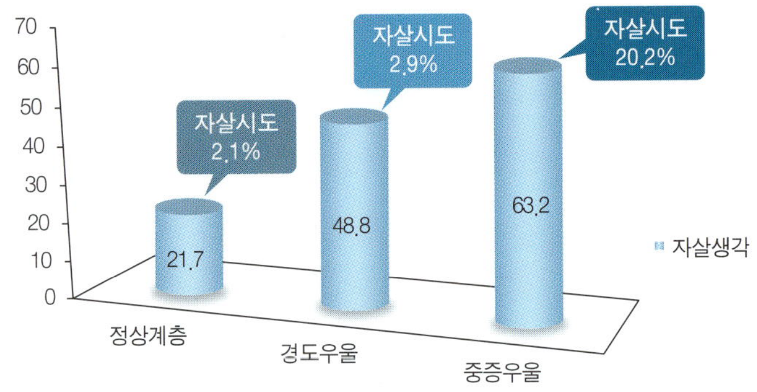

출처: 2011년 생명존중에 대한 국민태도 조사(한국자살예방협회).

그림 9-1 우울증과 자살률의 상관관계

2011년 한국자살예방협회에서 우울증과 자살의 관계를 알아보기 위한 연구에서 심리적으로 정상계층에서도 21.7%가 자살생각이 있으며, 그중 2.1%가 자살을 시도하는 것으로 나타났다. 즉, 심리적으로 건강한 사람도 건강, 금전적 이유, 가족문제, 이성문제, 배우자 문제, 취업 등의 여러 가지 이유로 충동적이든 계획적으로든 자살을 할 수 있다는 것이다. 이것이 우리가 주위의 사람을 살펴보아야 하는 이유이다. 그리고 이보다 더 심각한 사실은 우울증이 중증계층에선 63.2%가 자살생각을 하고 자살을 시도하는 경우는 20.2%나 된다는 것이다. [그림 9-1]에서 보는 것처럼 우울증이 심할수록 자살 생각과 자살시도의 가능성은 급격히 증가한다. 만약 우울증을 앓고 있는 사람에게 자살조짐이 있다면 더욱 주의가 필요한 이유이다.

우울은 한 개인의 삶을 무기력하게 만들기도 하지만, 부정적인 결과, 즉 자살로 이어져 그 개인이 속해 있는 집단에 악영향을 미칠 수도 있으므로 우울을 단순히 마음의 감기 정도로 간과해서는 안 될 것이다.

5 자살실태

지난 몇 년간 우리 사회는 자살이라는 심각한 문제에 휩싸여 있으면서도, 정작 우리 스스로가 둔감하게 지나가는 경향이 많다.

2017년 기준으로 37개 OECD 국가의 인구 10만 명당 사망률이 평균 11.2명인데 반해서 대한민국은 23.0명으로 2배 이상 높게 나타났다. 국가에서는 자살을 예방하기 위해서 많은 노력을 하고 있으며 그러한 성과로 2017까지 감소수치를 보이고 있었지만, 2019년 자살사망률은 26.9명으로 오히려 증가

표 9-1 2019년 연령별 사망률 〈통계청 자료〉 (단위: 인구10만 명)

순위	전 체		1~9세		10대		20대		30대	
1	악성신생물	158.2	악성신생물	1.8	고의적 자해	5.9	고의적 자해	19.2	고의적 자해	26.9
2	심장 질환	60.4	운수사고	1.1	악성신생물	2.2	악성신생물	4.2	악성신생물	13.0
3	폐렴	45.1	가해(타살)	0.9	운수사고	1.8	운수사고	3.7	심장 질환	3.9
4	뇌혈관 질환	42.0	선천 기형, 변형 및 염색체 이상	0.7	심장 질환	0.7	심장 질환	1.4	운수사고	3.8
5	고의적 자해	26.9	심장 질환	0.6	불의의 물에 빠짐	0.4	뇌혈관 질환	0.5	간 질환	3.1
순위	**40대**		**50대**		**60대**		**70대**		**80세 이상**	
1	악성신생물	41.1	악성신생물	119.6	악성신생물	281.4	악성신생물	695.0	악성신생물	1402.6
2	고의적 자해	31.0	고의적 자해	33.3	심장 질환	57.0	심장 질환	197.1	심장 질환	972.2
3	간 질환	10.7	심장 질환	25.4	뇌혈관 질환	40.4	뇌혈관 질환	152.3	폐렴	918.6
4	심장 질환	10.3	간 질환	23.4	고의적 자해	33.7	폐렴	137.2	뇌혈관 질환	636.1
5	뇌혈관 질환	8.2	뇌혈관 질환	19.0	간 질환	23.5	당뇨병	63.8	알츠하이머병	325.7

※ 고의적 자해(자살) – 70대 : 6위 , 80대 10위

하였다. 2019년 1년간 15,412 명이 자살로 사망하였으며, 이를 365일로 나누어 보면 1일 42.2명, 1시간에 1.75명이 자살을 하고 있는 것으로, 영화를 보는 짧은 2시간에 3명이 자살은 한다는 것이다. 자살의 동기로는 남자의 경우 경제생활 문제(32.4%), 정신적 · 정신과적 문제(27.7%), 육체적 질병문제(19.3%) 순으로 나타났으며, 여성의 경우는 정신적 · 정신과적 문제(51.4%), 육체적 질병문제(17.9%), 경제생활 문제(12.9%) 순으로 나타나, 요인은 같아 보이지만 실제로는 다른 양상을 보이고 있는 것을 알 수 있다.

6 자살과 자살생각

자살은 자살생각, 자살계획, 자살시도의 3단계 과정을 거쳐서 일어난다.

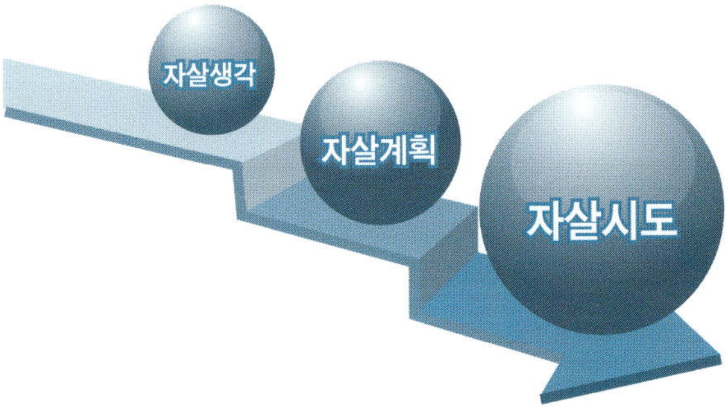

그림 9-2 자살에 이르는 과정

[그림 9-2]는 자살에 이르는 과정을 나타낸 것이다. 화살표의 길이는 시간이다.

자살생각이란 일반적인 의미로 자신에 대한 고의적 죽음에 대해 생각하는 것을 말한다. 자살생각의 시기가 자살의 단계에서 가장 오랜 시간적 비중을 차지한다. 처음에는 가끔씩 자살생각을 하던 것이 매순간 죽음의 생각이 머리를 떠나지 안고, 점점 강렬해지는 것이다. 하지만 자살생각의 단계에선 자살을 시도하는 경우가 적으므로 자살을 막아내기가 조금 더 쉬운 시기이다.

자살을 '자살생각-자살계획-자살시도'로 이어지는 연속선상으로 볼 때, 자살생각을 하는 사람을 발견하고 이들을 도와준다면 자살을 예방할 수 있는 것이다.

7 우울증의 치료

1) 약물치료

항우울제로는 아미트립틸린등 삼환계 항우울제(Tricyclic antidepressants: TCAs)와 선택적 세로토닌 재흡수 억제제(SSRI), 세로토닌-노르에페네프린 재흡수 억제제(SNRI) 등을 들 수 있다. 현재 사용되는 항우울제는 대부분 약물투여 2~3주 후에 효과를 보이기 시작하며, 대개 4~6주 정도 지나면 효과가 나타난다. 약물치료로 증상이 호전되어도 6개월 정도는 약물치료를 계속해야 재발을 예방할 수 있다.

약물복용에 있어서 어떤 사람은 단기적인 항우울제의 복용이 필요하고, 또 어떤 사람은 장기적인 약물복용이 필요할 수도 있다. 또 일부는 아예 약물치료가 필요하지 안을 수도 있다. 그러므로 전문의료기관에서 의사의 진료를 받으며 치료하는 것이 매우 중요하다.

2) 정신치료(심리요법)

정신치료방법은 우울증을 유발한 스트레스에 대처하는 능력을 향상시킴으로써 현재의 증상을 조절하는 데 의미가 있을 뿐 아니라, 우울증이 재발되지 않도록 하는 데 관심을 둔다. 그러므로 정신치료를 효과적으로 받은 경우 우울증이 치료될 뿐만 아니라, 전반적인 정신건강도 향상되어서 치료 전보다 만족스러운 삶을 살게 된다. 정신치료방법으로는 인지치료, REBT가 일반적이나, 최근에는 정서치료, 케슈탈트, 심리극, 미술치료 등 다양한 상담이론과 방법이 활용되고 있다.

8 우울증 극복방법

우울증에 대해서 우리가 전문적인 치료는 의사나 심리전문가에게 받더라도, 우리의 생활습관을 잘 관리하는 것 또한 우울증이 심화되는 것을 막고, 극복하는 데 도움이 된다.

여러 연구를 종합하여 우울증을 알고 있는 사람들을 위한 바람직한 생활습관이다.

다음은 금하라.

❶ 당분은 좀 멀리 해도 괜찮다. 설탕이나 초콜릿 등 단 음식을 먹으면 일시적으로 기분이 좋아질 수는 있지만 지속적이지는 못하다. 우울증이 있는 사람들에게 단 것을 섭취하게 한 후 1~2시간이 지나 조사해 본 결과, 상당수가 피곤함과 우울증을 더 많이 느끼는 것으로 조사됐다. 그러니 음주도 멀리해야 한다.

❷ 커피나 홍차, 콜라 등 카페인이 많이 함유된 식품들을 피하는 것이 좋다. 특히 카페인 성분에 민감한 우울증이 있는 사람에게 4일 동안 카페인 성분이 들어있는 식품을 먹지 못하게 한 결과, 상당수에서 우울증상이 개선된 것으로 나타났다. 특히 주의할 것이 초콜릿이 있다.

❸ 흔히 기분이 저조할 때 해소할 수 있는 손쉬운 방법으로 담배를 찾는 사람들이 많지만, 실제로 흡연은 우울증을 증가시키는 요인이다. 만병의 근원이므로 금연은 필수이다.

다음은 먹어라.

❹ 우울증이 있는 사람들은 체내에 오메가 3이란 물질이 많이 부족하다. 그렇지만 가능한 한 지방질이 적은 식사를 하는 것이 좋다. 특히 돼지고기나 쇠고기 등에 많은 포화지방산은 콜레스테롤을 증가시킬 뿐 아니라, 우울증도 촉진시키는 요인으로 밝혀지고 있다. 따라서 치즈, 우유, 달걀 등 양질의 단백질이 풍부

한 식품을 많이 섭취하는 것이 좋다. 특히 등푸른 생선을 많이 먹는 것이 우울증 해소에 좋다.

❺ 물은 하루 8잔 이상 마시기를 권한다. 인체의 노폐물을 제거하고 신진대사를 원활히 해주기 때문에 우울증 해소에 도움이 된다. 이와 함께 비타민 B와 C가 부족하면 우울증에 걸리기 쉽다는 연구결과가 있다. 잠자기 전에 종합비타민 한 알

다음은 행동하라.

❻ 햇볕을 하루 20분 이상 쬐라. 햇볕은 대뇌로부터 활력을 느끼게 하고 각종 신경전달물질을 생산해 내기 때문에 우울증 치료에 도움이 된다.

❼ 하루 30분 이상의 규칙적인 운동은 특히 불안감을 해소하고 적극적인 마음을 갖게 하는데 효과적이다.

9 자살예방

만약 당신의 가족이나 친구가 자살의 위험이 높은 사람이 있다면 어떻게 할 것인가?

우리는 이 문제에 대해서 교육을 받은 경우가 적다.

자살예방을 위해서 중앙자살예방협회에서는 '보고, 듣고, 말하기'라는 자

살예방 교육프로그램을 실시하고 있는데, 이곳에 자살예방을 위해서 권하는 것은 다음과 같다.

먼저 '보기'이다. 자살을 생각하는 사람들은 자신들이 자살을 생각하거나 삶을 포기하려고 한다는 것을 먼저 말하지는 않지만, 주변 사람들의 도움은 바라고 있다. 그렇기 때문에 먼저 신호를 보고, 발견하며, 알아채야 한다.

자살을 암시하는 대표적인 신호로는 죽고 싶다는 직접적 표현, SNS에 자살을 암시, 자해흔적, 전에 없던 행동들, 외모의 변화, 가정불화, 이성친구와의 결별, 경제적인 어려움(빚 독촉 등), 만성질환, 신체적 장애 등을 들 수 있다. 이런 상황에 놓인 사람이 주변에 있다면, 잘 살펴 보는 것이 자살예방의 시작인 것이다.

둘째는 '듣기'이다. 자살의 이유에 대해 듣는 부분이긴 하지만 자살에 대한 생각을 갖고 있는지에 대해 묻는 것을 포함한다. 듣기는 죽으려는 이유에 대해 적극적으로 청취하여 놓치고 있던 삶의 이유를 인지할 수 있게 하는 것이다. 이 단계에서는 자살을 생각하는 사람의 죽고 싶은 마음을 이해하고, 그 안에 살고자 하는 희망을 가지고 있다는 점에 대해 강조해야 한다.

하지만 이것이 어려운 것은 지금까지 살아오면서 "자살에 대해 생각을 하고 있습니까?" 또는 "죽고 싶다는 생각을 하고 있습니까?"라는 질문을 해 본 적이 없다는 것이다. 그렇기에 이에 대한 연습이 필요하고, 자신감을 가지고 물어보는 것이, 듣기 위한 시작인 것이다. 이런 질문에 대해 자살을 강조하거나, 오히려 자살을 일으킨다는 오해를 하는 경우가 많은데 그렇지 않다. 마음을 다한 이런 질문은 자살자가 삶을 살아야 하는 이유를 찾는 시작인 것이다.

셋째는 '말하기'이다. 말하기는 자살을 생각하는 사람의 위험성을 안전점검 목록(이전 자살시도, 정신과 질환, 알코올 남용, 자살방법의 준비여부와 구체성, 인적네트워크 및 지지자원)을 통해 확인한 후 전문가에게 의뢰하는 과정이다. 이 과정이 중요한 것은 자살예방을 위해서 일반 사람들의 적극적 참여가 매우 중요한 것은 사실이지만, 실제 자살자의 자살예방을 위한 전문적인 영역임으로 전문가에게 조속히 의뢰하는 것이 매우 중요하다.

자살예방을 위해서 주의하여야 할 것이 있다면 비밀보호이다.

친구 사이에 이야기를 나누다 상대방의 자살생각을 넘어 자살시도 계획을 들었으나, 친구가 완강하게 비밀유지를 강조하면 어떻게 할 것이가?

자살생각이 분명하게 있고, 위험성이 있을 때는 비밀 보장을 약속하면 안 된다.

제일 중요한 것은 친구나 가족의 안전이다. 만일 자살계획이 구체적이고 방법 또한 치명적인 경우여서 자살위험이 높다는 판단이 들 때는 비밀 보장을 섣불리 약속해서는 안 된다. 자살생각을 하는 사람에게 가족을 포함하여 도움을 줄 수 있는 다른 사람들이 이러한 상황을 알아야 하고 함께 어려움을 극복해야 한다고 설득해야 한다. 그래도 상대방의 마음이 바뀌지 않는 경우 상대방의 생명이 위험한 지금 상황에서는 비밀을 지켜줄 수 없고, 다른 사람에게 이야기해서 도움을 청할 것이라고 말해야 한다.

사람의 생명을 구하는 일이 비밀을 지키는 일보다 중요하기 때문이다.

Worksheet 1 우울검사(PHQ-9)

● 다음의 문항을 읽어 보시고 각 번호의 여러 란 중에서 요즈음(지난 2주 동안) 자신에게 가장 적합하다고 생각되는 번호를 하나씩만 골라 점수를 합산하십시오.

문항				
1. 기분이 가라앉거나, 우울하거나, 희망이 없다고 느낀다.	0	1	2	3
2. 평소 하던 일에 대한 흥미가 없어지거나 즐거움을 느끼지 못했다.	0	1	2	3
3. 잠들기가 어렵거나 자주 깼다. 혹은 너무 많이 잤다.	0	1	2	3
4. 평소보다 식욕이 줄었다. 혹은 평소보다 많이 먹는다.	0	1	2	3
5. 다른 사람들이 눈치챌 정도로 평소보다 말과 행동이 느려졌다. 혹은 너무 안절부절못해 졌다.	0	1	2	3
6. 피곤하고 기운이 없었다.	0	1	2	3
7. 내가 잘못했거나 실패했다는 생각이 들었다.	0	1	2	3
8. 신문이나 TV를 보는 것과 같은 일상적인 일에도 집중할 수가 없었다.	0	1	2	3
9. 차라리 죽었으면 낫겠다고 생각했다. 혹은 자해할 생각을 했다.	0	1	2	3

합계점수

_______________학과 _______________학번 _______________이름

Worksheet 2 행복척도

● 다음의 문항을 읽어 보시고 각 번호 중에서 자신에게 가장 적합하다고 생각되는 번호를 하나씩만 골라 점수를 합산하십시오.

문 항	전혀 아니다	아니다	중간이다	그렇다	매우 그렇다
1. 나는 요즘 행복하다.	①	②	③	④	⑤
2. 현재의 내 모습에 만족한다.	①	②	③	④	⑤
3. 나를 고통스럽게 하는 것이 별로 없다.	①	②	③	④	⑤
4. 나의 삶은 전반적으로 만족스럽다.	①	②	③	④	⑤
5. 나는 한 인간으로서 가치 있는 존재이다.	①	②	③	④	⑤
6. 나는 대체로 편안하고 즐거운 삶을 살고 있다.	①	②	③	④	⑤
7. 내가 살아온 과거의 삶에 대해서 만족한다.	①	②	③	④	⑤
8. 인생은 살 만한 가치가 있다고 생각한다.	①	②	③	④	⑤
9. 나의 미래는 밝은 편이다.	①	②	③	④	⑤
10. 나의 인생에 대한 분명한 목적의식을 지니고 있다.	①	②	③	④	⑤

합계점수

학과 학번 이름

Worksheet 3 생각일지

부정적인 생각	왜곡된 생각 (자동적 사고)	긍정적인 생각
불쾌하게 만드는 생각을 적습니다.	왜곡된 생각 목록을 선택합니다.	긍정적이고 형실적인 다른 생각으로 바꾸어 적습니다.
예) 운전도 못하고, 저는 잘하는 것이 하나도 없어요!	과잉 일반화	운전은 잘못하지만 연습하면 잘할 수 있을 거예요.
1. 이번 성적을 못 받으면, 취업도 못하고, 저는 노숙자가 돼서 죽을 거예요.	비약적 사고	

_______________학과 _______________________학번 ______________이름

Worksheet 4 내 안의 보물 찾기

1. 나는 ______________________________을 타고 났습니다.

2. 나는 ______________________________한 성격을 가졌습니다.

3. 나는 ______________________________을 잘 합니다.

4. 나는 ______________________________한 사람이 될 것입니다.

5. 나는 ______________________________할 때 행복합니다.

6. 나는 ______________________________가 매력적으로 생겼습니다.

7. 나는 ______________________________을 친구로 알고 있습니다.

8. 나는 ______________________________에 대한 꿈이 있습니다.

______________학과 ______________________학번 ______________이름

Worksheet 5 자살가능한 사람들의 신호

● 성남시 자살예방센터 자살예방교육 동영상을 보고 다음에 해당하는 신호들을 적어보세요.

언어적 신호	죽고 싶다는 직접적 표현	
	신체적 불편함을 호소	
	절망감과 죄책감	
	SNS에 자살을 암시	
	감정의 변화	
행동적 신호	자살을 준비하는 행동	
	자해흔적, 전에 없던 행동들	
	전에 없던 행동들	
	외모의 변화	
	일상생활 능력의 저하	
상황적 신호	학교 부적응, 언어폭력	
	장기 및 진급누락, 처벌의 두려움	
	가정불화, 이성친구와의 결별	
	경제적인 어려움(빚 독촉 등)	
	만성질환, 신체적 장애, 예후가 좋지 않은 질환자	
	가족이나 사랑하는 사람을 잃은 상실감	

_______________학과 _______________________학번 ______________이름

자살예방을 위한 기관목록

24시간 지원 가능 자살예방기관

자살예방상담전화	1393	
정신건강상담전화	1577-0199	
한국생명의전화	1588-9191	
보건복지부상담센터	129	
응급서비스	112, 119	

광역·지역 정신보건센터 및 관련 기관 정보 제공

중앙자살예방센터	02)2203-0053	www.spckorea.or.kr

자살예방센터

강원도광역자살예방센터	033)251-1970	www.gwmh.or.kr
경기도자살예방센터	031)212-0437	www.mindsave.org
고양시자살예방센터	031)968-2333	www.goyangmaum.org
광주광역시자살예방센터	062)600-1913	www.gmhc.kr
부산광역시자살예방센터	051)242-2575	www.busaninmaum.com
서울시자살예방센터	02)3458-1000	www.suicide.or.kr
성북구자살예방센터	02)916-9119	www.salja.or.kr
수원시자살예방센터	031)247-3279	www.csp.or.kr
인천광역시자살예방센터	032)468-9911	www.imhc.or.kr
안산시자살예방센터	031)418-0123	www.assp.or.kr
천안시자살예방센터	041)571-0199	www.cancaspi.or.kr
충청남도자살예방센터	041)663-9185	www.chmhc.or.kr
한마음한몸자살예방센터	02)318-3079	www.3079.or.kr

자살 유가족 지원 기관 정보 제공

한국자살예방협회		www.suicideprevention.or.kr (자.유.지.대)
중앙심리부검센터	02)555-1095	www.psyauto.or.kr

종교 지원

자비의전화(불교)	02)737-1114 (24시간)	www.jabi24.org
한마음한몸운동본부(천주교)	1599-3079	www.obos.or.kr

다양한 복지 서비스

건강가정지원센터	1577-9337	www.familynet.or.kr
서민금융통합콜센터	139	www.ccfs.or.kr
법률구조공단	132	www.klac.or.kr
한국도박문제관리센터	1336	www.kcgp.or.kr

가족지원서비스

건강가정지원센터	1577-9337	www.familynet.or.kr

기타

서민금융통합콜센터	1397	
한국도박문제관리센터	1336	
대한법률구조공단	132	

10

Chapter

불안장애

학습목표

1. 불안과 불안장애를 이해한다.
2. 불안장애의 종류를 학습한다.
3. 불안장애의 원인과 치료방법에 대하여 학습한다.

욕심을 버리는 것은 그것을 충족시키는 것만큼이나 행복한 일이다.
어떤 영역에서만큼은 자신이 아무것도 아니라는 사실을
있는 그대로 받아들이면 마음이 묘하게 편해진다.

- 알랭 드 보통 『불안』 중에서-

10
불안장애

1 불안과 불안장애

인간은 누구나 크고 작은 불안의 감정을 느끼며 살아가고 있다. 중요한 시험을 치르기 전에 긴장하고 불쾌한 감정을 종종 갖게 된다. 이러한 감정은 시험에 집중하여 실수를 줄일 수 있게 하는 도와주는 역할을 한다. 그리고 이러한 불안을 갖는 것을 자연스러운 것이며, 적응적인 심리반응으로 정상적인 불안(Normal anxiety)이라고 할 수 있다. 하지만 불안의 감정이 지속적이고, 공포감 등과 같은 감정이 일상생활을 할 수 없을 정도로 지배하고 있다면 병적인 불안(Pathological anxiety)이라고 할 수 있다. 따라서 병적인 불안과 정상적인 불안과 구별할 수 있어야 한다. 그 기준은 아래와 같다.

첫째, 현실적인 위험이 없는 상황이나 대상에 대해서 불안을 느끼는 경우다. 예를 들어 광장공포증, 폐쇄공포증이 있다.

둘째, 현실적인 위험의 정도에 비하여 과도하게 불안을 느끼는 경우이다. 예를 들어 사회공포증이 있다.

셋째, 불안을 느끼게 한 위협적인 요인이 사라졌는데도 불안이 과도하게 지속되는 경우이다.

2 불안장애의 종류

불안장애는 주관적으로 경험되는 불쾌한 정서인 불안과 공포가 명백히 존재하는 정신장애를 말한다. DSM-5에 따르면, 불안장애에는 '극도의 공포, 불안 및 관련된 행동장애의 특징'을 가지고 있으며, 종류에는 범불안장애, 공황장애, 특정 공포증, 사회공포증, 광장공포증이 있다.

1) 범불안장애

범불안장애는 과도한 불안과 걱정이 적어도 6개월 동안 대부분 시간 동안 나타나는 장애로 불안한 느낌이 과도하고 광범위하게 가지고 있다. 그리고 두통, 소화불량, 근육통, 과민성 대장증후군 등과 같은 다양한 신체증상을 동반하여 지속되는 경우를 말한다.

2) 공황장애

특별한 이유 없이 갑자기 불안이 극도로 심해져 숨이 막히고 심장이 두근거려 죽을 것만 같은 극도의 공포와 불안을 느끼는 공황발작이 나타내는 것이다. 예측된 공황발달은 공황장애라 할 수 없다. 심한 공포감이나 불쾌감과 함께 아래의 13가지 증상 중 4가지 이상이 발생하였을 때 공황발작이라 할 수 있다.

- 두근거림, 심장이 마구 뛰거나 맥박이 빨라지는 느낌
- 땀이 남
- 손발이나 몸이 떨림
- 숨이 가빠지거나 막힐 듯한 느낌
- 질식할 것 같은 느낌
- 가슴 부위의 통증이나 불쾌감
- 메슥거리거나 속이 불편함
- 어지럽고 휘청거리거나 혹은 실신할 것만 같은 느낌
- 비현실감, 혹은 이인감(세상이 달라진 것 같은 이상한 느낌, 혹은 자신이 달라진 듯한 느낌)
- 자제력을 잃거나 미쳐 버릴 것만 같아서 공포스러움
- 죽음에 대한 공포
- 이상한 감각(손발이 저릿저릿하거나 마비되는 것 같은 느낌)
- 오한이나 몸이 화끈거리는 느낌

3) 특정공포증

특정한 대상이나 상황에 대하여 비합리적으로 두려움과 회피행동을 지속적으로 나타내는 경우를 말한다. 특정공포증은 공포대상의 종류에 따라 4가지 하위유형으로 구분된다.

(1) **상황형**(situational type)

지하철이나 버스와 같은 대중교통수단, 터널, 다리, 엘리베이터, 비행기, 폐쇄된 공간 등과 같은 상황을 두려워하고 피하는 경우

(2) **자연환경형**(natural environment type)

천둥, 번개, 높은 장소, 물이 있는 강이나 바다 등과 같은 자연에 대한 공포

(3) **혈액-주사-상처형**(blood-injection-injury type)

피를 보거나 주사를 받거나 상처를 입는 등의 신체적 상해나 고통을 두려워하는 경우

(4) **동물형**(animal type)

뱀, 거미, 지네, 바퀴벌레 등과 같은 동물이나 곤충을 두려워하는 경우

4) 사회공포증

사회공포증은 다른 사람들이 나를 평가하는 상황이나 낯선 사람과 이야기를 해야 하는 상황이거나, 다른 사람들 앞에서 발표를 해야 하는 등의 사회적 상황에 대한 두려움과 불안이 있어서 그런 상황을 회피하고자 하는 행동을 나타낸다. 광장공포증은 가지고 있는 사람은 혼자 있는 것에 대한 공포심을 가지고 있지만, 사회공포증은 혼자 남겨지는 것에 대한 불안과 공포심은 없고 오히려 차분해지는 경향이 있다.

5) 광장공포증

광장공포증은 특정한 장소나 상황에 대하여 강한 공포를 나타내는 경우를 말한다. 공황발작과 함께 동반되는 경우가 있으며, 아래에 제시한 다섯 가지 상황 중에서 두 가지 이상 상황에서 극심한 공포심과 불안을 나타낸다.

- 대중교통수단
- 개방된 공간
- 폐쇄된 공간
- 줄을 서 있거나 군중 속에 있는 것
- 집밖에 혼자 있는 것

광장공포증과 앞에서 제시한 특정공포증의 상황형과의 구분은 광장공포증은 위에서 제시한 상황에서 공황과 유사한 증상이 나타나는 것을 두려하는 것을 말하고, 특정공포증은 한 가지 상황에서만 공포가 제한되었다는 것이다.

3 원인과 치료방법

1) 불안장애의 원인

(1) 경험

불안장애는 살아오면서 공포와 불안감으로 겪었던 부정적인 경험이나 학습이 지속적으로 유지될 때 나타난다.

(2) 생물학적 원인

자율신경계의 이상과 뇌신경 전달물질의 불균형이 불필요한 불안을 만들거나, 정상적인 불안반응을 과장되게 만들 수 있다.

(3) 성격과 스트레스

불안장애를 겪는 많은 사람들은 작은 실수도 두려워하고 다른 사람들보다 완벽하고자 하는 경향이 높고, 사람과 세상을 바라는 보는 것에 왜곡되고 부정적으로 바라보는 경향이 있다.

2) 불안장애 치료방법

(1) 약물치료

병적인 불안은 자율신경계의 균형이나 뇌신경 전달물질의 이상으로 발생할 수 있기 때문에 이와 관련된 약물치료를 한다.

(2) 인지치료

부정적인 생각의 원인을 찾고, 자신의 강점과 자원들을 통해서 왜곡되고 부정적인 생각을 합리적이고 긍정적인 생각을 갖도록 하는 것이다.

(3) 행동치료

이완훈련을 통한 탈감작법, 실제 불안을 유발하는 상황에 직접 부딪치면서 연습하는 노출훈련, 혐오자극법 등의 방법을 통해 치료한다.

Worksheet 1

BAI, Beck 불안척도(Beck Anxiety Scale; BAI, Beck 등, 1988)

- 아래의 항목들은 불안의 일반적 증상들을 열거한 것입니다. 먼저 각 항목을 주의깊게 읽으십시오. 오늘을 포함해서 지난 한 주 동안 귀하가 경험한 증상의 정도를 아래와 같이 그 정도에 따라 적당한 숫자에 ○표시하십시오.

- 0: 전혀 느끼지 않는다.
- 1: 조금 느꼈다. 그러나 별 문제가 되지 않는다.
- 2: 상당히 느꼈다. 힘들었으나 견딜 수 있었다.
- 3: 심하게 느꼈다. 견디기가 힘들었다.

문항	전혀 안 느낌	조금 느낌	상당히 느낌	심하게 느낌
1. 나는 가끔씩 몸이 저리고 쑤시며 감각이 마비된 느낌을 받는다.	0	1	2	3
2. 나는 흥분된 느낌을 받는다.	0	1	2	3
3. 나는 가끔씩 다리가 떨리곤 한다.	0	1	2	3
4. 나는 편안하게 쉴 수가 없다.	0	1	2	3
5. 매우 나쁜 일이 일어날 것 같은 두려움을 느낀다.	0	1	2	3
6. 나는 어지러움(현기증)을 느낀다.	0	1	2	3
7. 나는 가끔씩 심장이 두근거리고 빨리 뛴다.	0	1	2	3
8. 나는 침착하지 못하다.	0	1	2	3
9. 나는 자주 겁을 먹고 무서움을 느낀다.	0	1	2	3
10. 나는 신경이 과민되어 있다.	0	1	2	3
11. 나는 가끔씩 숨이 막히고 질식할 것 같다.	0	1	2	3
12. 나는 자주 손이 떨린다.	0	1	2	3
13. 나는 안절부절 못해 한다.	0	1	2	3

_____________학과 _____________________학번 _____________이름

문항	전혀 안 느낌	조금 느낌	상당히 느낌	심하게 느낌
14. 나는 미칠 것 같은 두려움을 느낀다.	0	1	2	3
15. 나는 가끔씩 숨쉬기가 곤란할 때가 있다.	0	1	2	3
16. 나는 죽을 것 같은 두려움을 느낀다.	0	1	2	3
17. 나는 불안한 상태에 있다.	0	1	2	3
18. 나는 자주 소화가 잘 안되고 뱃속이 불편하다.	0	1	2	3
19. 나는 가끔씩 기절할 것 같다.	0	1	2	3
20. 나는 자주 얼굴이 붉어지곤 한다.	0	1	2	3
21. 나는 땀을 많이 흘린다(더위로 인한 경우는 제외).	0	1	2	3

Beck 불안척도는 불안의 정도를 측정하기 위한 도구로 총점의 범위: 0~63점이다.

- 22~26점: 불안 상태(관찰과 개입을 요함)
- 27~31점: 심한 불안 상태
- 32점 이상: 극심한 불안 상태

Worksheet 2

불안 민감성 척도(Anxiety Sensitivity Inventory: ASI)

총점 ______________________

● 다음 문항을 읽어보시고, 자신의 상태를 잘 나타내는 번호에 표시하여 주십시오. 응답방식은 다음과 같습니다.

0	1	2	3	4
전혀 그렇지 않다.	약간 그러한 편이다.	중간이다.	꽤 그러한 편이다.	매우 그렇다.

	질문사항	전혀 그렇지 않다	약간 그러한 편이다	중간 이다	꽤 그러한 편이다	매우 그렇다
1	남들에게 불안하게 보이지 말아야 한다.	0	1	2	3	4
2	집중이 잘 인 되면, 이러다가 미치는 것이 아닌가 걱정된다.	0	1	2	3	4
3	몸이 떨리거나 휘청거리면 겁이 난다.	0	1	2	3	4
4	기절할 것 같으면, 겁이 난다.	0	1	2	3	4
5	감정조절을 잘하는 것이 중요하다.	0	1	2	3	4
6	심장이 빨리 뛰면 겁이 난다.	0	1	2	3	4
7	배에서 소리가 나면 깜짝 놀랜다.	0	1	2	3	4
8	속이 메스꺼워지면 겁이 난다.	0	1	2	3	4
9	심장이 빨리 뛰는 것이 느껴지면 심장마비가 오지 않을까 걱정된다.	0	1	2	3	4
10	숨이 가빠지면, 겁이 난다.	0	1	2	3	4

	질문사항	전혀 그렇지 않다	약간 그러한 편이다	중간 이다	꽤 그러한 편이다	매우 그렇다
11	뱃속이 불편해지면, 심각한 병에 걸린 것은 아니가 걱정된다.	0	1	2	3	4
12	어떤 일을 할 때 집중이 안 되면, 겁이 난다.	0	1	2	3	4
13	내가 떨면, 다른 사람들이 알아챈다.	0	1	2	3	4
14	몸에 평소와 다른 감각이 느껴지면, 겁이 난다.	0	1	2	3	4
15	신경이 예민해지면, 정신적으로 문제가 생긴 것은 아닌가 걱정된다.	0	1	2	3	4
16	신경이 날카로워지면, 겁이 난다.	0	1	2	3	4

불안 민감성 척도(Anxiety Sensitivity Inventory: ASI)는 불안 자극에 대해 지속적으로 반응하는 경향성 평가하는 검사도구이다.

- 16~20점: 불안 자극에 약간 민감하게 반응함
- 21~24점: 불안 자극에 상당히 민감하게 반응함
- 25점 이상: 불안 자극에 매우 민감하게 반응함

Ellis의 14가지 비합리적 신념

1. 인간은 중요한 모든 사람으로부터 사랑받고 인정받고 이해 받아야 가치 있는 사람이다. 만약 그렇지 않다면 이는 끔찍한 일이다.

2. 자신이 가치 있다고 인정받으려면 모든 영역에 대해 완벽한 능력이 있고 성공을 해야만 한다.

3. 어떤 사람들은 나쁘고 사악하며, 그들의 사악함은 반드시 비난 받고 처벌받아야만 한다.

4. 일이 뜻대로 진행되지 않는 다면 무시무시하고 끔찍한 일이다.

5. 불행이란 외부 사건들때문에 생기며 우리는 통제할 능력이 거의 또는 전혀 없다.

6. 만약 어떤 사람에게 위험하거나 두려운 일이 일어날 가능성이 있다면 그는 그 일에 대해 염려해야 하고, 그것이 일어날 가능성에 대해 늘 생각하고 있어야 한다.

7. 인생에서의 어려움에 부딪힐 때는 책임 있게 해결하기보다 피해가는 것이 편하다.

8. 다른 사람에게 의지해 하고, 의지할 수 있는 누군가가 있어야 한다.

9. 한 개인의 과거사는 현재 행동을 결정하는 가장 중요한 요인이며, 그 일이 큰 영향을 주었기 때문에 이후로도 계속 유사한 영향을 끼칠 것이다.

10. 사람은 다른 사람의 문제와 어려움에 대해 함께 괴로워하고 속상해 해야 한다.

11. 인간의 문제에는 완전한 해결책이 있다. 만약 그 해결책을 발견할 수 없다면 이는 끔찍한 일이다.

12. 세상은 반드시 공평해야 하며, 정의는 반드시 승리해야 한다.

13. 항상 고통 없이 편안해야 한다.

14. 나는 아마 미쳐가고 있는지도 모른다. 그러나 미쳐서는 안 된다. 왜냐하면 그것을 견딜 수 없기 때문이다.

14가지 비합리적 신념에 대응하는 합리적 신념

1. 자기를 존중하고 실제적인 일에 대해 인정받고, 사랑 받기보다는 사랑하는 것에 신경을 쓰는 것이 바람직하고 생산적이다.

2. 자신은 인간적인 제한점이 있고 실수를 범하기도 하는 불완전한 존재라는 것을 받아들이는 것이 좋다.

3. 사람들은 비윤리적으로 행동하는 경우가 흔하며, 이들을 비난하고 처벌하기 보다는 그들의 행동을 변화시킬 수 있도록 도와주는 것이 더 좋다.

4. 일이 내 뜻대로 된다면 좋겠지만, 내가 원하는 대로 되지 않는다고 해서 끔찍할 이유는 없다.

5. 현재 내가 겪고 있는 정서적인 괴로움은 주로 나의 책임이며, 내가 사건들을 보고 평가하는 방식을 변화시킴으로써 나의 감정을 조절할 수 있다.

6. 걱정한다고 해서 어떤 일이 사라지는 것은 아니다. 일어날 가능성이 있는 괴로운 일에 대해서는 처리하기 위해 최선을 다할 것이며, 만약 다루기가 불가능하다면 그 일이 어쩔 수 없다는 받아들이겠다.

7. 해야 할 일을 피하는 것이 실제로 하는 것보다 더 어렵고도 고통스러울 경우가 많다. 해야 할 일은 불평 없이 해야 한다.

8. 다른 사람들과 친밀하게 지내는 것을 즐기지만, 생활을 도와줄 사람은 원하지 않는다. 자기 자신을 믿고 의지할 수 있다.

9. 나는 과거의 일들에 대한 지각과 과거의 영향에 대한 해석을 재평가함으로써, 과거의 영향을 극복할 수 있다.

10. 다른 사람이 어려움을 겪을 때 도울 수 있으면 좋지만, 반드시 도움이 돼야 하거나 돕지 못하다고 큰일이 나는 것은 아니다.

11. 세상은 불확실하다. 삶을 즐기기 위해 아무런 보장이 없더라도 어떤 결정을 내리고 위험을 무릅쓴다.

12. 세상에는 불공평한 경우에 불만을 갖기보다는 이를 시정하게끔 노력하는 편이 낫다.

13. 고통 없이 얻을 수 있는 것은 아무 것도 없다. 그러므로 비록 좋아하지는 않아도 불편을 참고 견딜 수 있다.

14. 정서적 곤궁이 즐거운 것은 아니지만 대체로 참을 수 있다.

Chapter 11

중독(中毒)

학습목표

1. 중독의 특징을 이해한다.
2. 담배 관련 장애에 대하여 학습한다.
3. 알코올 관련 장애에 대하여 학습한다.
4. 인터넷 중독에 대하여 학습한다.

A군의 어머니는 오늘도 걱정이 많다. A군은 오늘도 늦잠을 자고, 컴퓨터를 켜고 Overwatch의 리퍼로 열심히 게임 중이다. 책상 옆에는 컵라면 그릇이 놓여 있고, 연속으로 담배를 피우며…. 이 이야기를 듣던 B양의 어머니는 지방에서 혼자 자취하는 B양을 떠올린다. 어렵게 직장에 들어간 B양의 자취방은 잘 정돈되어 있는 듯했다. 하지만 냉장고에는 생수와 맥주 그리고 간단한 안줏거리만 들어 있었고, 구석에는 포장만 뜯어놓은 택배박스가 아무렇게나 놓여 있었다. B양은 직장일이 힘들어 매일 맥주 한 캔 정도 먹어야 잠을 잘 수 있으며, 택배는 필요해서 산 거고, 중고로도 팔기에 손해는 없다 하지만 어머니는 B양이 혹시 문제가 있는 건 아닌지 걱정이다.

혹시 자신에게 해당하는 부분이 있지 않나요?

이번 장은 중독에 대해서 다루어 보겠습니다.

11

중독(中毒)

1 중독이란

약물중독은 WHO의 제안에 따라 약물의존으로 대체하여 사용되는 용어이다. 식품의약품 안전처에서는 약물오용(Drung misuse)을 '의사의 처방이나 약사의 복약지도 없이 혹은 그것을 무시하고 약을 본래의 목적에 맞지 않게 잘못 사용하는 것'으로 설명하고 있다. 즉 다이어트를 위해서 변비약이나 이뇨제를 사용하는 경우, 단순 감기치료를 위해서 항생제를 사용하는 경우처럼 본래의 목적과 맞지 않게 약을 쓰는 것이 해당된다. 약물남용(Drung abuse)은 '질병을 치료하기 위해서가 아니라 감정이나 행동을 흥분시키기 위한 목적으로 약물을 사용하는 것'으로, 청소년들이 술과 담배, 본드 등을 무분별하게 이용하는 것이 해당될 수 있다.

DSM-5에서는 물질 관련 및 중독장애(Substance-Related and Addictive

Disorders)로 구분하고 있으며, 이는 향정신성 물질의 남용을 포함하여 물질의 사용 또는 반복적인 사용으로 야기되거나 악화될 수 있는 사회적, 직업적, 정신적, 육체적 문제를 인식하고 있으면서도 지속적으로 사용하는 부적응적 사용패턴을 말한다. 남용이라는 말은 특히 불법적인 약물의 사용을 언급하기도 하는데, 용어가 모호하여 ICD-10에서는 사용되지 않는다. 또한 DSM-5에서는 비물질 관련 장애인 도박중독을 추가하여, 행위에 의한 중독인 인터넷중독, 게임중독 등의 사회적으로 부적응적인 행동도 포함될 수 있게 되었다.

2 중독의 과정

라이스의 약물중독 진행단계에 따르면 처음에는 실험적 사용단계로 호기심 또는 모험심에서 약물을 단기간, 적은 양을 사용하는 것에서 시작하여, 두 번째 단계에서는 사회도구적 사용단계로 또래집단에서 즐거움을 공유하고 집단구성원이 되기 위한 동기로 사용하며, 상황적 사용단계에서는 특정 상황에서 정서적, 정신적 자극의 필요에 따라 시용하게 된다. 심화적 사용단계에 이르면 더 나아가서 일상적인 문제와 스트레스를 벗어나기 위해 장기간 남용하게 되며, 최종적으로는 강박적 사용단계에서는 약물의 효과 혹은 즐거운 심리적 상태를 유지하기 위해서 다량의 약물을 자주, 장기간 사용하는 데 이르게 된다.

중독에 의한 신체적, 정신적 증상으로는 공통적인 세 가지 현상인 내성, 갈망, 금단이 있다. 내성이란 약물을 계속 투여하면 약물의 효과가 줄어들고 그 결과, 약물의 투여량을 늘이는 것을 말한다. 갈망은 오랫동안 사용하던 약물을 중지하면서 나타나는 약물에 대한 정신적 의존을 의미한다. 반면, 육체적으로 고통스럽고 신체적으로 여러 가지 증상이 나타날 때를 금단현상이라 한다.

3 담배 관련 장애

담배 관련 장애(Tabacco–Related Disorders)는 니코틴 중독(Nicotine Dependency)을 가리키는 것으로 담배 안에 들어 있는 니코틴이라는 성분에 의해 급성이나 만성의 신체증상이 발생하는 것이다. 급성중독은 처음 흡연하거나 우연히 담배를 삼켰을 때 발생하고 증상으로는 두통, 오심, 구토, 설사, 시력장애, 혈액순환 부전, 심장마비, 혼수, 경련 등이 있다. 만성중독은 만성적인 대량 흡연으로 생기고 만성적인 인후염, 만성기관지염뿐만 아니라 발기부전, 심계항진, 부정맥, 혈압상승, 협심증 등의 심장 및 혈관증세 외에 식욕부진, 소화불량 등의 위장증세, 불면, 편두통, 시신경장애 등과 같은 신경 증상을 보인다.

하지만 우리가 흔히 생각하는 의미의 니코틴 중독은 의학적으로 니코틴 의존이라고 말하는 것이 적절하다. 니코틴 의존은 니코틴과 인체의 상호작용의 결과로 신체적, 정신적 증상이 발생하는 것이다.

4 흡연 현황

니코틴의 주요 섭취경로는 직접, 간접적 흡연이다. 우리나라 성인의 흡연율은 미국이나 유럽의 선진국에 비해 높은데, 특히 우리나라 성인 남성의 흡연율은 45% 정도로 선진국의 2배에 달한다.

남자의 경우 2014년에는 하루 평균 15.5개비, 2015년에는 하루 평균 14.4개비로, 여자의 경우 2014년에는 하루 평균 10.4개비, 2015년에는 하루 평균 8.3개비로 크게는 아니지만 그래도 하루 평균 흡연량이 줄어들고 있다. 전자담배 사용량은 남자의 경우, 2013년에는 11.6%, 2015년에는 21.3%로 증가하였으며, 여자의 경우, 2013년에는 2.4%, 2015년에는 2.9%로 2배로 증가하였다. 한 가지 주의하여야 하는 것은 전자담배의 경우 박하향의 흡입물질을 사용한 경우 폐세포의 파괴가 다른 향에 비해 매우 높다는 것이다.

5 금연

금연은 스스로의 의지만으로 유지하기 어렵다. 특히, 니코틴에 대한 의존도가 높을수록 금연을 할 때 나타나는 금단증상으로 힘들어 하게 된다. 따라서 보건소나 병원에서 진행하는 금연클리닉 등을 방문하여 본인의 상태를 확인하고, 개인에게 맞는 금연법을 시도하는 것이 좋다.

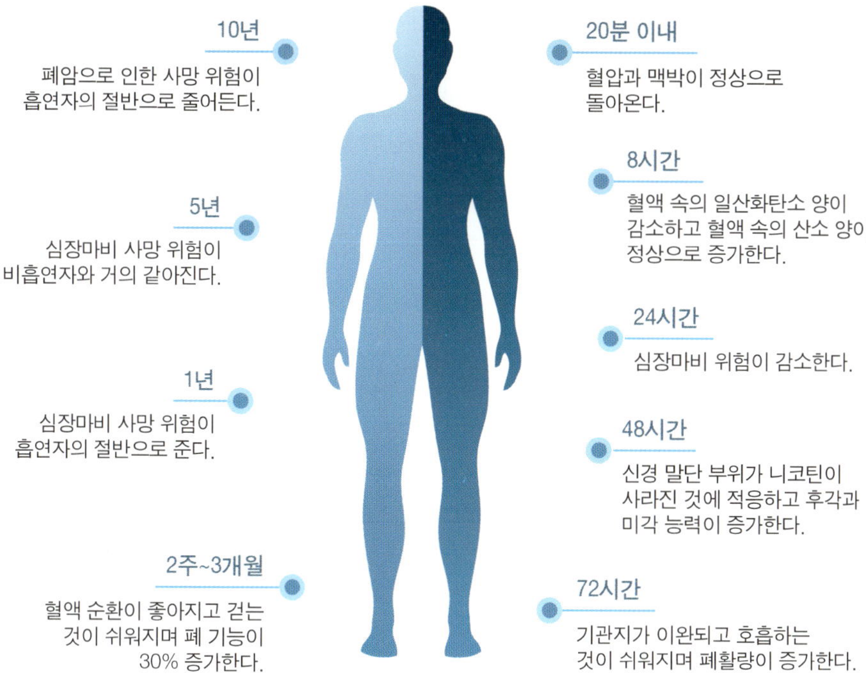

표 11-1 마지막 흡연 후 시간별 신체변화

시간	증상
20분 이내	혈압과 맥박이 정상으로 돌아온다.
8시간	혈액 속의 일산화탄소 양이 감소하고 혈액 속의 산소 양이 정상으로 증가한다.
24시간	심장마비 위험이 감소한다.
48시간	신경말단 부위가 니코틴이 사라진 것에 적응하고 후각과 미각능력이 증가한다.
72시간	기관지가 이완되고 호흡하는 것이 쉬워지며 폐활량이 증가한다.
2주~3개월	혈액순환이 좋아지고 걷는 것이 쉬워지며 폐 기능이 30% 증가한다.
1년	심장마비 사망 위험이 흡연자의 절반으로 준다.
5년	심장마비 사망 위험이 비흡연자와 거의 같아진다.
10년	폐암으로 인한 사망 위험이 흡연자의 절반으로 줄어든다.

혼자서 금연을 하기 힘든 사람들을 위해 니코틴을 외부에서 공급하여 니코틴의 금단증상을 없애는 방법이 있는데, 이를 니코틴 대체요법이라 한다. 니코틴 대체요법에는 패치, 껌, 사탕 등이 있다. 대표적인 니코틴 대체요법은 니코틴패치가 있으며 병원, 약국에서 구입이 가능하다. 보건소에서 무료로 제공하기도 한다.

이외 대표적인 금연 처방약으로 의사의 처방이 필요한 바레니클린과 부프로피온이 있는데, 모두 미국 식품의약국에서 안전성과 효과성을 입증받은 먹는 금연치료보조제이다.

6 알코올 관련 장애

알코올 관련 장애(Alcohol-Related Disorders)는 흔하게 알코올 중독(Alcoholism)으로 불려지며, 알코올 관련 장애는 과도한 음주로 인한 정신적, 신체적, 사회적 기능에 장애가 오는 것을 일컫는다.

표 11-2 알코올 관련 장애의 특성 정의

구분	진단기준
알코올 중독 (Alcohol Intoxication)	A. 최근의 알코올 섭취가 있다. B. 알코올을 섭취하는 동안, 또는 그 직후에 임상적으로 심각한 문제적 행동 변화 및 심리적 변화가 발생한다. (예, 부적절한 성적 또는 공격적 행동, 기분 가변성, 판단력 손상) C. 알코올을 사용하는 동안 또는 그 직후에 다음 징후 혹은 증상 중 한 가지(혹은 그 이상)가 나타난다. 1. 불분명한 언어 2. 운동 실조 3. 불안정한 보행 4. 안구진탕 5. 집중력 또는 기억력 손상 6. 혼미 또는 혼수
알코올 금단 (Alcohol Withdrawal)	A. 알코올을 과도하게 장기적으로 사용하다가 중단(혹은 감량)한다. B. 진단기준 A에서 기술된 것처럼 알코올을 사용하다가 중단(혹은 감량한)한 지 수시간 혹은 수일 이내에 다음 항목 중 2가지(혹은 그 이상)가 나타난다. 1. 자율신경계 항진 2. 손 떨림 증가 3. 불면 4. 오심 또는 구토 5. 일시적인 시각적, 촉각적, 청각적 환각이나 착각 6. 정신운동 초조 7. 불안 8. 대발작

알코올과 관련된 부정적 영향은 알코올 소비량(음주량), 음주습관, 알코올의 종류(질)에 따라 달라진다.

DSM-5에 의한 알코올 의존의 정의는 '내성, 금단증상, 갈망, 알코올 사용으로 인한 사회적, 직업적 장애'를 근간으로 하고 있다.

7 알코올 중독 진단

NIAAA(National Institute of Alcohol Abuse and Alcoholism, 미국 알코올 남용 및 알코올 의존 연구소)에서는 2시간 이내에 남자의 경우 표준잔 5잔, 여성의 경우 표준잔 4잔 이상의 음주를 하는 경우 폭음으로 정의하고 있다. 각 표준잔을 기준으로 한 음주행위의 기준을 분류기준은 다음과 같다.

표 11-3 음주행위의 기준

위험수준의 단계	명명기관명	정의
중등도음주 (Moderate drinking)	NIAAA	• 남성: ≤ 2 표준잔/일 • 여성: ≤ 1 표준잔/일 • 65세이상: ≤ 1 표준잔/일
위험임박음주 (At-rick drinking)	NIAAA	• 남성: 〉14 표준잔/주 또는 〉4 표준잔/회 • 여성: 〉7 표준잔/주 또는 〉3 표준잔/회 • 65세이상: ≤ 7 표준잔/주 또는 〉3 표준잔/회
위험음주 (Hazardous drinking)	NIAAA	• 남성: 〉21 표준잔/주 또는 〉7 표준잔/회 • 여성: 〉14 표준잔/주 또는 〉5 표준잔/회 • 65세 이상: ≤ 1 표준잔/일
위험음주 (Hazardous drinking)	WHO	• 음주로 인해 피해로 이어질 가능성이 높음 • 남성: ≥평균 40g/일 • 여성: ≥평균 20g/일
유해음주 (Harmful drinking)	WHO	• 음주로 인해 신체적 또는 심리적 폐해가 명확히 유발된 상태 • 폐해의 상태가 확인 가능한 것이어야 함 • 음주로 인한 문제가 1개월 이상 지속되거나 지난 1년간 반복적으로 나타난 상태 • 알코올 의존의 범주에는 해당되지 않는 사람

보건복지부

그림 11-1 표준잔 기준으로 한 알코올의 양

표준잔을 한 단위로 우리가 흔히 마시는 술의 양을 계산하여 보면 355ml짜리 맥주 1병이나 1캔은 1.4 표준잔, 소주 1병은 6.7 표준잔에 해당한다. 또한 막걸리는 약 5 표준잔, 와인은 잔의 크기에 따라 1~2 표준잔에 해당한다.

8 알코올 중독 치료

알코올 중독은 치료적 개입이 없이 방치되는 경우 알코올로 인한 신체적 합병증 및 알코올성 치매 등의 정신질환을 유발하여 결국은 죽음에 이르게 되는 치명적인 질병이다. 뿐만 아니라 환자의 술 문제로 인해서 가족기능의 손상을 가져오는 가족병으로 확대된다. 따라서 반드시 치료적 개입이 필요하다. 치료의 방법은 한 가지 방법이 아닌 다각적 중재전략을 사용하게 된다.

단주동맹(Alcoholic Anonymous, AA)을 포함하여, 아편양제제 길항제인 날트렉손과 아캄프로세이트가 사용되는 약물치료, 알코올성 간염, 간경화를 치료하는 내과적 치료, 알코올 섭취에 대한 인지적 왜곡의 교정과 기존 정신질환치료가 병행되어 실시된다.

심한 내과적 · 정신과적 문제가 함께 있는 경우, 적절한 외래치료 그룹이나 시설의 부재, 외래치료에서 실패한 병력이 있는 경우 입원을 고려해야 한다.

9 인터넷 중독

인터넷 중독이란 과도한 인터넷 사용으로 인해 가정이나 사회적으로 일상생활에 지장을 초래하여 자신이나 주변 사람들이 문제가 있다고 인식하게 되는 상태이다. 즉, 사람은 누구나 자기가 속한 사회에서 사회적인 역할을 성실하게 수행해야 하는데, 인터넷에 빠져 일상생활에 상당한 지장을 초래하거나 심한 경우에는 자기파멸에 빠지는 것을 볼 수 있다.

10 인터넷 중독의 유형

1) 채팅 중독

채팅 중독이란 컴퓨터 채팅을 하고 있지 않으면 심한 불안감을 갖게 되고, 지나치게 계속 이용하는 증상을 의미한다. 채팅 중독의 증상으로는 자기통제력의 상실, 채팅을 통한 행복감의 추구, 일상생활의 부적응, 감정조절 능력의 감소 등의 현상이 나타난다. 또한 단어의 압축화, 은어사용으로 인한 언어파괴로 올바른 언어생활에 악영향을 미칠 수 있다.

2) 게임 중독

게임 중독이란 과도한 인터넷 게임으로 인해 학업과 가정 및 대인관계에 지대한 영향을 미치게 되는 것을 의미한다. 게임 중독증을 보이는 학생은 밤새워 게임을 하고, 낮에는 졸거나, 공부에 집중을 하지 못하며, 대인기피증, 강박감, 편집증, 체력저하 등의 현상이 발생한다. 또한 게임의 폭력성에 노출되기 쉬우며, 지나친 승부욕으로 인하여 건전한 사회생활에 악영향을 끼치게 된다. 심한 경우에는 현실과 가상세계를 혼동하게 되어 현실에서 폭력적인 행동 등을 보이는 경우도 발생하고 있다.

3) 음란물 중독

음란물 중독은 사이버 공간에서 음란물을 보고 몰입하는 것을 말한다. 음란물 중독현상을 보이는 청소년들은 지속적으로 음란물에 접근하고, 죄의식으로 결벽증에 걸리거나 신경쇠약 증세를 보이기도 한다. 음란물을 본 후 연상작용으로 인해 학업에 지장을 받으며, 성충동 증가를 경험하기도 한다. 또한 비정상적인 내용이 대다수인 음란물을 여과없이 받아들여 성에 대하여 왜곡된 인식을 갖게 되고 모방 성범죄로 이어질 가능성이 있다.

11 인터넷 중독 극복을 위한 자세

인터넷 중독에 빠진 많은 사람들은 자신도 모르게 빠지기 때문에 단순하고 쉬운 방법만으로는 극복하기 힘들다. 그래서 대부분의 사람들은 속수무책으로 올해가 지나면 바뀌거나, 때가 되면 극복되기를 기대하는 것이다. 이런 소극적인 대책으로는 더욱 인터넷 중독에 빠져든다. 인터넷 중독에서 벗어나려면 무엇보다 자신의 의지가 중요하다. 적극적으로 이유를 분석하고 자신감을 잃지 않도록 한다.

인터넷 중독에는 나름대로의 이유가 있다. 과연 자신에게 무엇이 문제인지를 정확하고 솔직하게 분석해야 한다. 정확하고 솔직하게 분석하기 위해 우선 자신의 인터넷 습관을 관찰한다. 시간, 공부, 우정, 꿈의 설계 등 자신의 행동이나 습관에 이상한 점이 없었는지, 인간관계의 태도에 문제점은 없었는지를 찾아본다.

인터넷 중독에 빠진 사람들 중에는 자신이 '공부도 못하고, 예쁘지도 않고, 잘난 구석이 하나도 없지만 사이버공간에서는 자신감이 있다'고 생각하는 경우가 많다. 그러나 가만히 자신을 들여다보면 분명 다른 사람보다 잘하는 무언가가 있다는 것을 발견할 수 있을 것이다. 자신의 강점을 강화하고 이를 활용하는 것이 필요하다.

혼자의 방법으로 해결하기 힘들면 전문가와 함께 머리를 맞대고 찾아보자. 그러면 좋은 해결책이 나올 수 있다.

용기를 내어 전문기관이나 전문가의 도움을 청하라.

■ 인터넷 중독 관련 사이트

- 한국정보화진흥원 인더넷중독예방상담센터(www.kado.or.kr/iapc)
- 배움나라 정보윤리(www.estudy.or.kr)
- 사이버 범죄 예방극장(www.kado.or.kr/cybercrime)
- 경북 체신청 인터넷중독상담센터(http://www.gbpost.go.kr)
- 정보통신윤리위원회(http://www.kiscom.or.kr/)

Worksheet 1 인터넷 중독 검사

문항	전혀 아니다	드물지만 있다	가끔 있다	자주 있다	항상 그렇다
1. 원래 마음먹은 생각보다 더 오랫동안 인터넷을 하게 된 적이 있다.	1	2	3	4	5
2. 인터넷 때문에 가족(학교) 일을 소홀히 한 적이 있다.					
3. 가족이나 친구들과 있는 것보다 인터넷에서 더 흥미를 느낀 적이 있다.					
4. 인터넷상에서 친구를 만들어 본 적이 있다.					
5. 인터넷하는 것 때문에 잔소리 들은 적이 있다.					
6. 인터넷 때문에 가정(학교)생활이나 성적에 문제가 생긴 적이 있다.					
7. 무슨 일을 하기 전에 먼저 이메일을 점검하곤 하다.					
8. 인터넷 때문에 잘하던 일을 더 못하게 된 적이 있다.					
9. 인터넷에서 뭘 하는지를 물었을 때 숨기거나 변명을 하며 얼버무린 경험이 있다.					
10. 인터넷에 대한 생각으로 현재 걱정되는 문제를 잊었던 적이 있다.					
11. 다시 인터넷을 할 수 있을 때를 기다린 적이 있다.					
12. 인터넷이 없는 생활은 따분하고 재미없을 것이라고 생각한 적이 있다.					

____________학과 __________________학번 ____________이름

문항	전혀 아니다	드물지만 있다	가끔 있다	자주 있다	항상 그렇다
13. 인터넷을 할 때 누가 방해하면 귀찮은 듯이 소리 지르고 화를 낸 적이 있다.					
14. 밤새 인터넷을 하느라 잠을 못 잔 적이 있다.					
15. 인터넷을 안할때도 인터넷 하는 것을 상상하고 인터넷에 정신이 팔린 적이 있다.					
16. 인터넷을 할 때 –조금만 더 해야지– 하면서 계속 한 적이 있다.					
17. 인터넷 하는 시간을 줄이려고 노력했지만 실패한 적이 있다.					
18. 인터넷을 얼마나 오래 했는지를 남에게 숨기려 한 적이 있다.					
19. 밖에 나가기보다는 인터넷을 하기 위해 집에 남아 있겠다고 한 적이 있다.					
20. 인터넷을 안 할때 기분이 안 좋다가 인터넷을 다시 하면 기분이 좋아진 적이 있다.					
합계					

합계점수가

- 20~39점 = 평범한 사용자로 사용시간 등을 스스로 조절할 수 있는 상태입니다.
- 40~69점 = 이때가 중요한 때로, 문제가 있는 사용자입니다.
  인터넷 사용이 실생활에 어떤 영향을 주었는지 진지하게 생각해 보아야 합니다.
- 70~100점 = 심각한 문제가 있는 사용자로 전문가의 치료와 대책이 필요합니다.

Worksheet 2 생활습관 점검표

● 여러분은 종독을 일으키는 물질 중 한 가지를 선택합니다.

흡연, 술, 채팅, 야동, 야식, 게임, 수면제, 쇼핑, 구두, 기타

(   )

● 이제부터 아래 기록지에 1주일간 매일매일 중독물질로 언제, 무엇을, 얼만큼 사용하였는지 기록하여 봅니다.

시간	월		화		수		목		금		토		일	
	수량	용도	수량	용도	수량	용도	수량	용도	수량	용도	수량	용도	수량	용도
0시~1시														
1시~2시														
2시~3시														
3시~4시														
4시~5시														
5시~6시														
6시~7시														
7시~8시														
8시~9시														
9시~10시														
10시~11시														
11시~12시														
12시~1시														
1시~2시														

_______________학과 _______________________학번 ______________이름

시간	월		화		수		목		금		토		일	
	수량	용도	수량	용도	수량	용도	수량	용도	수량	용도	수량	용도	수량	용도
2시~3시														
3시~4시														
4시~5시														
5시~6시														
6시~7시														
7시~8시														
8시~9시														
9시~10시														
10시~11시														
11시~0시														

1. 내가 주로 사용한 이유는?

2. 내가 주로 사용한 시간대는?

3. 꼭 필요한 것이였나?

4. 내가 고쳐야 할 습관은?

Worksheet 3 ActionPlan

변화가 실패하는 10가지 이유
1. 전략과 연계되지 않음 2. 일시적 유행이나 손쉬운 해결방안으로 여겨짐 3. 단기적인 관점 4. 조직 내 정치적인 현실이 변화의 걸림돌로 작용 5. 기대는 지나치게 크고, 성공은 보잘 것 없음 6. 유연성 없는 변화 설계 7. 변화에 대한 리더십 부재 8. 측정가능하고 가시적인 결과 산출의 부족 9. 미지의 것에 대한 불안감 10. 변화를 지속하려는 헌신을 유도해 내지 못함

구분	바꾸어야 할 습관	변화장애요인	변화방법
자신			
가정			
학교			

_______________학과 _________________________학번 ______________이름

술을 끊으면 좋은 10가지 이유

첫째, 술을 끊으면 무엇보다도 돈을 아낄 수 있다. 단순히 술값을 절약하는 것뿐만이 아니다. 술 마실 때 큰돈을 쓰게 되는 것은 대부분 술이 술을 먹는 단계에 이르러 '한방 쏘는 것'이다. 술을 끊으면 이렇게 헛되게 사라지는 돈을 굳힐 수 있다.

둘째, 술을 끊으면 하루 24시간이 무척 길어진다. 술을 마시지 않기 때문에 저녁 약속은 대부분 1차로 끝난다. 이르면 9시, 늦어도 10시 30분 정도면 귀가할 수 있다.

셋째, 학업의 차질이 줄어든다. 전날 과음으로 인한 숙취로 출교가 늦어지는 경우가 적지 않다.

넷째, 술로 인한 실수를 크게 줄일 수 있다. 나중에 후회하는 실수는 대부분 술을 지나치게 많이 마신 경우에 일어난다.

다섯째, 미래를 준비할 수 있다. 평균 수명이 늘어남에 따라 은퇴 이후 제2의 인생을 설계하는 데 금주는 절대적으로 중요하다.

여섯째, 가정의 회복이다. 술을 마시지 않아 귀가가 빨라짐으로써 가족과 함께하는 시간이 많아진다.

일곱째, 건강을 지킬 수 있다. 과음은 만병의 근원이다.

여덟째, 좋은 일을 할 수 있다. 금주로 절약한 돈으로 나눔의 미학을 실천할 수 있다.

아홉째, 자신감의 회복이다. 과음으로 인해 쓸데없는 실수를 하지 않기 때문에 후회에 얽매이지 않는다.

열째, 진짜 친구를 찾을 수 있다. 술을 끊으면 '술친구'들은 자연스럽게 떨어져 나간다. 그저 술 마시는 것만이 목적인 친구들을 진짜 친구로 여기던 착각에서 벗어날 수 있는 것이다.

12

Chapter

셀프 리더십 (Self Leadership)

학습목표

1. 리더십의 종류별 특징을 이해한다.
2. 셀프 리더십에 대하여 학습한다.
3. 셀프 리더십 구성요소에 대하여 학습한다.

그는 자신이 잘하는 분야에 집중하고 나머지 부분을 다른 사람에게 위임하는 방식으로 일을 진행하여, 집중력을 발휘하였습니다. 이와 같은 철학이 사업에도 적용되어, 경쟁사의 지배권을 다시 획득했을 때 그의 최우선 순위는 회사가 잘하는 분야에 집중하게 하는 것이었다.

그는 평범한 사람들이 모인 거대조직보다는 뛰어난 재능을 지닌 소수정예팀이 훨씬 낫다고 믿었다. 그는 이런 엘리트들과의 관계가 자신의 능력을 더욱 향상시킬 수 있다고 믿었다. 그래서 그는 지구상에서 항상 가장 똑똑한 엔지니어, 디자이너, 그리고 프로그래머를 채용했다.

그는 빌 게이즈이다. 자산 887억 달러로 2018년 1월 현재 세계 최고부자 2위로(1위는 아마존, 베조스) 우리에게는 Microsoft사의 CEO로 더 알려진, 자선의 대부, 이 사람이 성공할 수 있었던 리더십에 대해서 알고 있는가?

이번 장은 셀프 리더십을 통하여 성공의 원리를 알아보고자 한다.

12

셀프 리더십 (Self Leadership)

1 리더십이란?

리더십(Leadership)은 복합적이고 다원적인 의미를 내포하고 있는 개념이기 때문에 리더십을 정의하려고 한 사람의 수만큼 많은 정의가 이루어졌고, 사람마다 서로 다른 의미로 사용하고 있다. 따라서 리더십에 관한 정의를 한마디로 분명하게 규정한다는 것은 어려운 일이며, 연구자에 따라 다양하게 정의되고 있다.

학자들의 시대별 리더십에 대한 다양한 정의를 살펴보면 다음과 같다.

표 12-1 리더십의 정의

연구자	정의
Stogdill(1974)	목표설정과 목표달성을 지향하도록 진단과 조직에 영향력을 행사하는 과정이다.
Conger(1989)	특정목표를 달성하기 위해 특정 개인이 다른 사람에게 영향력을 행사하는 과정이다
Hersey & BlanGhard(1988)	일정한 상태하에서 조직의 목표를 실현하기 위한 개인 및 집단의 영향력을 행사하는 과정이다.
Bass(1990)	비전을 창출하고 제시하여 부하를 변화시키고, 부하들이 목표를 달성하도록 하는 활동 과정이다.
Nanus(1992)	리더가 조직구성원의 자란적인 몰입을 유도하기 위하여 비전을 제시하고, 조직을 혁신해 보다 효과적인 잠재력을 지니는 새로운 조직으로 변형시키는 과정이다.
Kouzes & Posner(1995)	리더가 달성하고자 하는 목표를 다른 사람들이 원해서 하도록 만드는 스킬이다.
Gibson, luanovelch & Donnelly(2000)	어떤 목표를 성취하도록 종업원들을 동기부여시키기 위해 영향력을 행사하는 시도이다.
Yukl(2002)	무엇을 어떻게 해야 하는 것이 효과적인가를 다른 사람들이 이해하고 동의하도록 영향력을 행사하는 과정과 이렇게 공유된 목표를 달성할 수 있도록 개인 및 집단의 노력을 촉진하는 과정이다.
Northouse(2004)	리더십이란 공동목표를 달성하기 위하여 한 개인이 집단의 구성원들에게 영향을 미치는 과정이다.

2 특성 이론

특성 이론은 리더의 자질과 특성을 규명하는 데 초점을 두고 있다. 개인의 고유한 특성이 존재한다는 가정하에 성공적인 리더의 자질과 특성을 찾아내려는 연구로, 1940년대 후반까지 계속되었다. 특성 이론은 간디, 나폴레옹, 링컨 등 사회, 정치적으로 유명한 리더들의 타고난 특성을 파악하는데 초점을 맞춰 위인 이론이라고도 불린다.

특성 이론의 지지자들은 성공한 리더와 성공하지 못한 리더를 구별해주는 특성이 무엇인지를 규명하는 데 주안을 두었으며, 우수한 리더들은 그들만이 가지고 있는 공통적 특성이 있다고 하였다. 구체적인 특성들은 신체적 특성, 성격, 동기, 가치관, 지능, 기술 등과 같은 것이다.

3 행동 이론

특성 이론은 리더십을 선천적인 자질이라고 생각한 반면, 행동 이론에서 리더십은 적절한 훈련을 통해서 체득할 수 있다고 주장한다. 어떠한 리더십 유형이 다른 리더십 유형보다 더욱 효과적인 것인가에 관한 것으로 1960년대 후반까지 연구되었다. 행동 이론은 성공적인 리더들은 어떠한 행동을 하느냐를 분석한 것이다.

행동 이론의 리더십 유형을 보면 과업목표 달성을 무엇보다도 중요시하는 과업지향적 지도유형과 리더의 기능을 발휘하여 조직구성원의 문제점을 해결하고, 집단의 결속력을 높이려는 인간지향적 지도유형으로 나눌 수 있다.

4 상황 이론

상황 이론은 뜻 그대로 상황에 따라 리더가 어떤 리더십을 발휘하는지에 초점을 맞춘다. 상황에 따라서 리더는 다른 종류의 리더십을 발휘해야 하며, 이를 적절하게 잘 조절하는 리더가 훌륭한 리더가 된다는 것이다.

상황 이론은 관심을 리더에 두는 것이 아니라 리더, 구성원, 조직이 처해 있는 상황에 대하여 융통성 있게 대처할 때 리더십이 극대화될 수 있다고 본다. 즉, 리더십은 상황적 조건에 의해 결정된다고 본다. 하지만 상황 이론의 한계점은 실제로 조직이 처한 상황을 정확하게 분석하는 것이 쉽지 않으며, 결국 리더십기술과 리더의 태도에 집중하게 된다는 것이다.

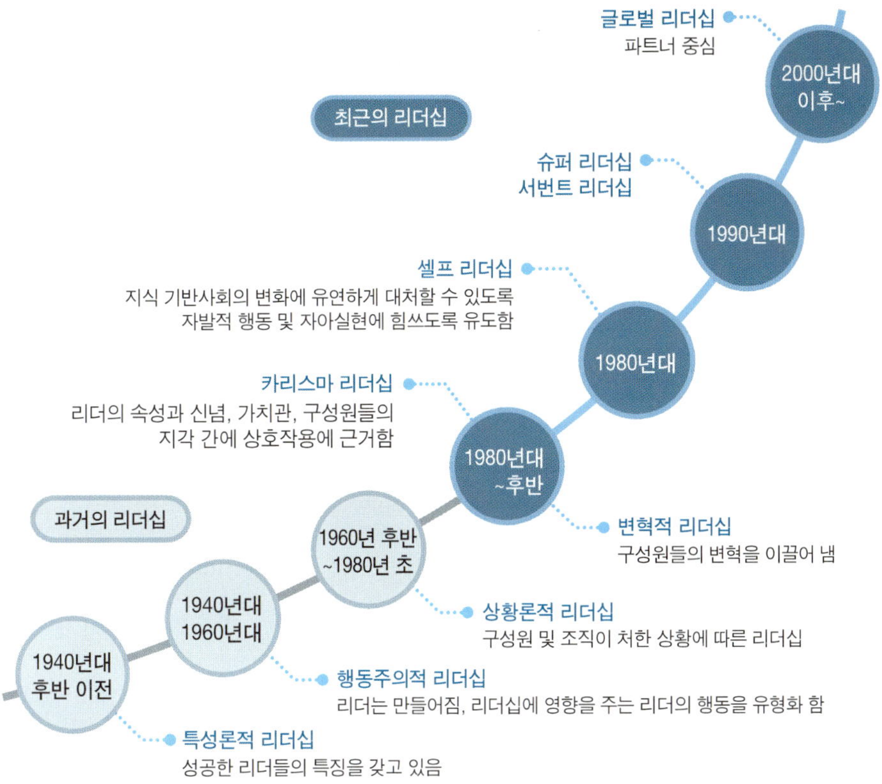

그림 12-1 리더십의 패러다임과 셀프 리더십의 등장시기

5 셀프 리더십의 정의

리더십이란 리더와 추종자 간의 관계가 성립되어야만 리더십이 존재한다고 할 수 있다. 한편, 셀프 리더십(Self Leadership)은 리더의 영향력과는 별개로 개인이 자발적인 노력과 조직에 대한 헌신을 이끌어가는 과정을 의미한

다. 즉, 셀프 리더십이란 리더의 영향력과는 정반대로 자기 스스로에게 영향력을 발휘하는 리더십을 말하며, '효과적인 행동을 위한 행동중심 전략과 효과적인 사고와 태도를 위한 인지적 전략을 이용하여 스스로를 리드하고, 자기 자신에게 영향력을 미치는 과정'으로 정의된다.

셀프 리더십의 원리는 자기이해와 자기통제능력, 자기주도능력, 자신감 네 가지로 나누어 볼 수 있다.

자기이해의 핵심을 자기 자신의 특성을 파악하는 것이다. 자신의 장점과 단점, 성격적 특징과 가치관, 그리고 행동특성을 파악하고 이해하는 것이다. 자기통제의 핵심은 자신의 생각 및 정서적 행동의 통제이다. 사람들은 반드시 자기가 원하는 생각과 감정에 의해서만 행동을 하거나 표출하는 것만은 아니다. 원하지 않는 부정적 생각이나 부정적인 정서, 그리고 잘못되거나 비생산적인 행동으로 인해서 스스로 뿐만 아니라 주변에 문제를 일으키거나 생산적이지 못하는 경우가 많다. 따라서 이러한 요소들을 중심으로 하여 스스로 원하는 방향으로 자기를 통제하거나 조절하는 것은 아주 중요한 일이다. 자기주도란 스스로 주인의식과 책임의식을 갖고 행동하는 것을 말한다. 하고자 하는 일을 할 수 있는 마음과 태도를 갖는다면, 스스로 주인이 될 수 있을 것이다. 또한 자신감은 과거의 성취경험에서 나온다. 비록 작은 것이라도 할지라도 성취경험이 있는 사람은 그 경험으로 인해서 할 수 있다는 태도를 형성하게 된다.

〈표 12-2〉는 전통적 관리기능과 셀프 리더십의 차이를 정리한 것이다.

표 12-2 전통적 관리기능과 셀프 리더십의 차이

전통적인 관리기능	셀프 리더십
외부관찰	자기관찰
주어진 목표	스스로의 목표설정
과업수행에 대한 외부강화	셀프 리더십 행동에 대한 자기강화
외부보상에 의거한 의지	일 자체의 자연적인 보상에 근거한 의지
외부로부터의 비관	자기비판
외부로부터의 문제해결	스스로의 문제해결
외부로부터의 직무할당	스스로의 직무할당
외부로부터의 과업계획	스스로의 과업계획
부정적 관점	긍정적 관점
조직의 비전에 의존	구성원이 함께 창조한 비전에 헌신

6 셀프 리더십의 구성요소

셀프 리더십을 처음 제시한 맨즈는 셀프 리더십의 전략을 두 가지로 나누었으나 이후 여러 학자들은 전략을 세 가지로 분류하였다. 이는 행동중심 전략, 자연보상 전략, 건설적 사고전략이다. 이 전략들을 어떻게 사용하느냐에 따라 셀프 리더십의 수준을 알 수 있다

1) 행동중심 전략

셀프 리더십의 행동지향적 전략은 사람은 자신과 타인의 행동과 그 결과를 관찰하고, 행동을 하는 이유와 목적을 스스로 인식하며, 행동을 변화시키는 것을 말한다. 즉, 행위에 초점을 맞춘 전략으로서 관리자와 조직원들이 반드시 해야 하는 과업을 수행함에 있어 스스로를 리드하도록 돕는 것으로 행위 전략의 하위차원은 자기관찰, 자기설정목표, 단서에 의한 관리, 리허설, 자기보상, 자기비판 등이 있다. 따라서 행동중심 전략은 효과적으로 성과를 향상시키기 위해 긍정적이고 바람직한 행동을 스스로 평가하고 관리하는 것을 강조한다.

셀프 리더십의 행동중심 전략과 하위차원을 정리하면 〈표 12-3〉과 같다.

표 12-3 셀프 리더십의 행동중심 전략

구분	내용
자기관찰 (Self-Observation)	자신의 학업이나 업무에 관한 정보를 수집하고, 구체적인 행동을 관찰하여 자신의 학업 및 업무활동의 효율성을 높이기 위해 변화시켜야 할 것들을 스스로 평가하고, 무엇을 어떻게 바꾸어야 하는지에 대한 단서를 스스로 발견하는 행위이다.
자기보상 (Self-Reward)	개인이 바람직한 행동을 완수했을 때 스스로 가치 있는 보상을 제공함으로써 사기를 북돋고 차후 행동을 선택하는 행위다. 노력의 대가를 얻는 것은 개인의 동기유발과 미래의 활동선택에 주요한 영향을 미친다. 물질적 혹은 정신적 자기보상은 노력을 지속시키는 데 큰 도움이 된다.

구분	내용
자기비판 (Self-punishment)	바람직하고 올바른 행동을 이끌어내기 위해 실패의 원인을 분석하고, 비판적으로 자신을 성찰하여 교훈을 얻고 성장하기 위해 노력하는 전략이다. 바람직한 자기처벌은 자신에게 일관성 있는 징계를 가함으로써 반복적이며 습관적인 실수, 실패를 하지 않도록 한다.
리허설 (Rehearsal)	리허설이나 연습은 효과적인 선행적 셀프 리더십 전략이다. 어떤 일을 실행하기에 앞서 깊이 생각하고 중요한 부분을 미리 연습하는 태도는 업무수행에 큰 도움을 준다. 팀별 과제를 발표하기 전에 브리핑 내용을 미리 연습해보는 것은 이 전략의 한 가지 예이다.
단서에 의한 관리 (Management of Cues)	단서를 이용해 관리함으로써 바람직한 행동을 장려하고 그렇지 못한 행동을 자제시키는 효과를 거둘 수 있다. 예를 들면, 컴퓨터 모니터 옆에 간단한 표시 등을 붙여 학업수행을 자극하고 사기를 북돋을 수 있다. 단서전략을 통해 그때 그때의 학업능력과 학업환경을 관리할 수 있으며, 바람직한 자극을 늘려나가고 유해한 자극을 제거함으로써 자신을 더욱 효율적으로 관리할 수 있다.
자기설정목표 (Self-SetGoals)	자기 스스로 목표를 설정하는 것은 성공적인 셀프 리더십의 중요한 한 가지 요소이다. 목표를 설정함에 있어 알아두어야 할 점은 최상의 효과를 얻기 위해서는 목표가 도전적이어야 하겠지만, 반드시 달성할 수 있는 것이어야 하며 또한 구체적이어야 한다는 것이다.

2) 자연보상 전략

인지적 전략은 인지적 평가이론에 근거하고 있다. 사람은 자율적이고 긍정적인 존재라고 가정하고 있다. 즉, 사람은 자신이 좋아하는 일이나 활동을 수행할 경우, 수행한다는 그 자체만으로도 행복을 느끼며 만족한다는 자연적 보상에 따르는 원리에 기초하고 있다. 다시 말해, 자신의 일에서 자연적 보상의 수준을 증가시키기 위하여 일하는 방법과 장소를 스스로 재설계하고, 조직원은 유능하다는 느낌, 자기를 잘 통제한다는 느낌, 확실한 목적의식 등을 통해 건설적이며 긍정적인 사고태도를 갖게 되고 자신의 일에서 생각의 초점을 관리함으로써 자율통제를 할 수 있다고 생각하는 자기존중을 하게 된다.

예를 들어, 사람들은 즐겁고 보람 있게 일을 하기 위해서 자신의 책상에 좋아하는 사진을 붙이거나 편안한 음악을 들으면서 좀 더 즐거운 근무환경을 스스로 만들려고 노력한다는 것과 같은 의미이다.

다음 〈표 12-4〉는 셀프 리더십의 주요한 자연보상 전략을 요약하여 보여주고 있다.

표 12-4 셀프 리더십의 자연보상 전략

구분	내용
과업의 자기 재설계	직무 그 자체를 통한 내적 보상수준을 높이기 위해 무슨 일을 어떻게 할 것인가를 자신이 재설계한다. 즉, 과거로부터 관행적으로 내려오는 학업방식을 답습하는 것이 아니라, 자신이 가장 효율적으로 학업을 수행할 수 있는 방법을 계속해서 고안하고 실천한다. 마나(Mana)와 넥(Neck)은 개인들은 과업을 달성함으로써 자기효능감, 자아통제감, 목적의식 등을 강화해 준다 하였다.
작업환경 여건의 재설계	작업환경에서 오는 내적 보상을 증진시키기 위해 인접한 작업환경을 재설계하거나 작업의 시간과 장소를 변경한다. 따라서 효율적 시간관리, 자원관리, 새로운 조직구조, 제도 등을 도입하는 데 개방적이고 적극적이다. 업무와 관련된 긍정적 자각이나 경험에서 비롯되며, 셀프리더는 스스로 그들의 과제를 재설계할 수 있을 뿐만 아니라, 그들이 왜 그 과제를 수행해야 하는지 알고 있으며, 자연적 보상을 통해 학업수행 그 자체에 대한 즐거움을 획득한다.

구분	내용
가치를 창출한다는 느낌	자신의 능력과 자율통제에 대해 자부심을 갖게 된 경우에도 자기가 하는 일의 가치를 발견하지 못하면 즐거움을 느낄 수 없다. 자신이 목적의식을 가질 수 있도록 하며, 과업에 대한 보람을 느끼도록 해주어야 한다.
유능하다는 느낌	학업이나 일을 함에 있어서 자신이 유능하다고 느꼈을 때 자연적 보상이 일어난다. 따라서 셀프리더는 이 점을 충분히 인식하고, 자신에게 가치 있는 일을 할 기회를 제공해 주어야 한다.
스스로 통제한다는 느낌	사람들은 흔히 최소한 자신이 독립적으로 일한다는 느낌만이라도 갖고 싶어 한다. 자신이 유능하다는 느낌과 스스로를 통제한다는 느낌이 함께 어우러지면 흥미로운 행동패턴을 낳는다. 즉, 주어진 일을 마스터하고자 하는 강한 의욕을 불러일으키고 그에 필요한 노력을 경주하게 만드는 것이다. 따라서 셀프리더는 이러한 행동패턴을 잘 인식하고, 스스로가 도전할 만한 목표를 찾도록 한다.

3) 셀프 리더십의 인지적 전략

셀프 리더십은 인지적 전략이란 건설적 사고패턴을 확립하는 것을 의미한다. 건설적 사고패턴 확립은 건설적이고 효과적인 습관 또는 사고유형을 확립하는 행위로 장애요인에 집착하기보다는 기회요인을 찾도록 관리하는 것이나 셀프 리더십의 전략 중에서 더 확대된 전략이 건설적 사고전략이다. 이 전략은 셀프 리더십 이론이 등장한 이후 1995년에 처음 언급되었다. 건설적 사고 전략은 건설적인 사고전략과 습관방식을 바꾸어 성과에 긍정적인 영향을 주는 사고전략을 말한다. 이러한 건설적 사고전략은 자신과의 긍정적 대화, 성공적인 성과, 상상 등을 포함하고 있다. 자신과의 긍정적 대화는 혼자서 자신에게 말하는 것이다. 즉, 장애요인에 집착하기보다는 기회요인을 찾음으로써 건설적인 사고를 하게 된다는 것이다.

다음 〈표 12-5〉는 셀프 리더십의 건설적 사고전략의 확립을 요약하여 보여주고 있다.

표 12-5 셀프 리더십의 건설적 사고전략

구분	내용
신념과 가정에 의한 관리	문제가 있는 사고과정의 근거가 되는 왜곡된 개인의 신념과 가정을 제거 또는 변경하고, 기능적인 신념과 가정을 학습하고 관리함으로써 개인의 능력을 개발하고 새로운 직무에 대한 도전과 기회를 발견할 수 있다
믿음	믿음의 중요한 특징은 자기 예언적이라는 것이다. 알버트 엘리스(Albert Ellis) 박사가 제창한 심리요법인 이성적 REBT에 의하면, 믿음은 변화의 기초라고 한다. 이렇듯 셀프 리더십 능력에 영향을 미치는 중요한 믿음 중의 하나는 자기에 대한 기대이다. 자기 자신에 대해 어떤 믿음을 갖고 있느냐는 업무수행에 뚜렷한 영향을 미친다.
상상에 의한 체험	세상에 대해 갖는 이미지, 즉 어떤 문제의 결과에 대해 생각하는 방식은 일과 인생 전반에 대한 각 개인의 행동과 태도에 영향을 미친다. 따라서 상상에 의한 체험을 통해 긍정적인 사고패턴을 가지고 이를 습관화한다면 셀프 리더십의 능력을 크게 향상시킬 수 있을 것이다.
자기와의 대화	자기를 설득, 격려, 질책, 비판, 위로 등 때에 따라 적절한 대화를 하며 자신을 이끌어 가는 것을 말한다. 자기대화의 근본에는 자신에 대한 강한 긍정과 믿음이 깔려 있어야 한다. 그렇지 않으면, 자기질책이나 비판이 자칫 자기비하로 바뀌어 파괴적인 효과를 낼 수도 있다. 따라서 마음속으로 하는 자기대화 속에서 가급적 자기비난적인 대화는 피하는 것이 좋다.

Worksheet 1 셀프 리더십 척도

● 다음은 셀프 리더십에 관한 질문입니다. 자신에게 가장 적합하다고 생각되는 문항에 ∨ 표시하여 주시기 바랍니다.

항목	전혀 그렇지 않다	그렇지 않다	보통이다	그렇다	매우 그렇다
1. 나는 나에게 필요한 자질이나 역량이 무엇인지 점검한 후 단계별 목표를 세운다.	①	②	③	④	⑤
2. 나는 장래 원하는 바를 이루기 위해 내가 세운 목표를 향해 노력한다.	①	②	③	④	⑤
3. 나는 내 자신의 성취를 위해 계획한 목표에 대해 지속적으로 상기하고 점검한다.	①	②	③	④	⑤
4. 나는 학업이나 과제를 수행하면서 내가 어느 정도 잘하고 있는지와 개선해야 할 점이 무엇인지 파악하고 있다.	①	②	③	④	⑤
5. 나는 학업이나 과제를 잘 해냈을 때, 동료들과 경험담을 공유하면서 만족감을 얻고 학습에 대한 동기를 갖는다.	①	②	③	④	⑤
6. 나는 과제를 특별히 잘해냈을 때, 내가 즐기는 활동이나 무인가로 (예, 쇼핑, 외식, 영화관람 등) 내 자신에게 보상하기를 좋아한다.	①	②	③	④	⑤
7. 나는 학업이나 과제에서 불안전한 성과를 냈을 때, 양심의 가책과 책임감을 느낀다.	①	②	③	④	⑤
8. 나는 학업이나 과제를 제대로 수행하지 못했거나 미흡하게 마쳤을 때, 스스로에게 보다 냉정하고 엄격해지는 경향이 있다.	①	②	③	④	⑤
9. 나는 학업이나 일의 불쾌한 측면보다는 유쾌한 측면에 초점을 맞춘다.	①	②	③	④	⑤

____________학과 ________________학번 ____________이름

항목	전혀 그렇지 않다	그렇지 않다	보통이다	그렇다	매우 그렇다
10. 나는 나의 바람직한 행동을 유발시킬 수 있는 대상이나 사람들 주변에 있으려고 노력한다.	①	②	③	④	⑤
11. 나는 나에게 선택권이 있을 때, 겨우겨우 일을 끝내려고 하기보다는 즐겁게 일을 하려고 노력한다.	①	②	③	④	⑤
12. 나는 내가 좋아하는 방식으로 학업이나 과제를 완수한다.	①	②	③	④	⑤
13. 나는 상상력을 발휘해 장래희망을 마음속으로 그리곤 한다.	①	②	③	④	⑤
14. 나는 일이나 과제를 하기 전에 그 일이나 과제를 성공적으로 수행하는 것을 마음속으로 그려본다.	①	②	③	④	⑤
15. 나는 내가 직면하고 있는 도전들을 극복하는 모습을 마음속으로 그려본다.	①	②	③	④	⑤
16. 나는 내가 직면하고 있는 어려운 문제들을 극복하는데 도움이 될 수 있도록 스스로에게(큰 소리 또는 마음속으로) 이야기를 하곤 한다.	①	②	③	④	⑤

● 각 문항의 점수를 합하여 기록하시오

항목	목표설정	자기보상과 처벌	자연적 보상	성취 시각화
문항	1~4	5~7	8~11	12~16
점수	점	점	점	점

● 빈 칸에 셀프 리더십의 하위영역이 활용되었던 순간, 부족하였던 순간을 기록하시오.

목표설정	미시적 · 거시적 목표를 설정한 후, 이것들의 우선순위를 정하고 스스로 실행을 관리 지시하는 행동을 의미한다.
자기보상과 처벌	바람직한 행동을 완료했을 때, 자신에게 가치 있는 보상을 스스로에게 제공하여 업무에서의 의욕을 향상시켜 추후 행동을 선택하는 데 영향을 미치게 된다.
자연적 보상	주어진 과제와 활동의 즐겁고 긍정적인 측면을 강조한다. 학습자는 과제 자체에서 동기와 보상을 얻는다.
성취 시각화	긍정적 자기 기대를 통해 자신의 가능성을 강화하여 자신의 과제, 학습, 업무를 보다 성공적으로 수행할 수 있다.

Worksheet 2 자신감 증진(1)

우선순위, 단계목표의 설정

● 목표, 목적의식을 달성하기 위한 5개년 계획

최종의 목표
언젠가 내가 하고 싶은 단 하나는 무엇인가?
5년의 목표
최종의 목표를 바탕으로, 향후 5년 내에 내가 할 수 있는 단 하나는 무엇인가?
1년의 목표
5년의 목표를 바탕으로, 올해 내가 할 수 있는 단 하나는 무엇인가?
한 달의 목표
올해의 목표를 바탕으로, 이번 달에 내가 할 수 있는 단 하나는 무엇인가?
한 주의 목표
이 달의 목표를 바탕으로, 이번 주에 내가 할 수 있는 단 하나는 무엇인가?
하루의 목표
이번 주의 목표를 바탕으로, 오늘 내가 할 수 있는 단 하나는 무엇인가?
지금의 목표
오늘의 목표를 바탕으로, 지금 당장 내가 할 수 있는 단 하나는 무엇인가?

____________학과 ________________학번 ____________이름

단계 목표를 정하는 SMART 기법

● 뚜렷한 목표 설정, 우선순위 결정을 위한 평가 요소

Specific	뚜렷한 용어로 목표 정의	• 무엇을 얻고 싶은가? • 목표를 달성함으로써 얻게 되는 이득은 무엇인가? • 목표달성에 영향을 줄 수 있는 사람은 누구인가?
Measurable	성취정도를 볼 수 있는 가시적 지표 설정	• 어느 수준을 목표로 잡는가? • 성취여부를 어떻게 알 수 있는가?
Achievable	• 현실적/객관적 평가에 기반한 목표 설정 • 나의 자질, 능력, 지식, 시간을 고려한 실현가능한 목표설정 • 지금 내가 생각하는 목표보다 한 단계 더 위가 바로 도달목표	• 지금의 목표는 현실적인가? • 어떻게 목표를 이룰 수 있는가? • 목표달성에 필요한 지식과 기술, 시간을 확보할 수 있는가?
Relevant	• 최종목표와의 관련성 • 과정목표와 최종목표를 이루기 위해 설정해야 한다.	• 지금의 목표는 나의 최종목표와 관련이 있는가? • 지금 이것을 하는 것이 옳은가?
Time-bound	시간제한, 시간설정 목표	• 이 목표는 언제 끝나는가? • 중간과제를 점검하는 시기는 언제인가? • 목표를 위해, 지금, 이번 주, 그리고 다음 주에는 무엇을 할 것인가?

_______________학과 _______________________학번 _______________이름

Worksheet 4 자신감 증진(3)

우선순위, 단계 목표 설정 및 평가하기

- 여러분의 목표와 우선순위를 각 칸에 맞춰 작성해 봅니다. 최종 목표, 5년, 1년, 한 달, 한 주, 하루의 목표. 그리고 각 목표에 대한 S.M.A.R.T, 즉 구체성(S), 측정가능성(M), 현실가능성(A), 관련성(R), 시간제한성(T)을 평가, 기입(V 표) 합니다.

		S	M	A	R	T
최종의 목표						
언젠가 내가 하고 싶은 단 하나는 무엇인가?						
5년의 목표						
최종의 목표를 바탕으로, 향후 5년 내에 내가 할 수 있는 단 하나는 무엇인가?						
1년의 목표						
5년의 목표를 바탕으로, 올해 내가 할 수 있는 단 하나는 무엇인가?						
한 달의 목표						
올해의 목표를 바탕으로, 이번 달에 내가 할 수 있는 단 하나는 무엇인가?						
한 주의 목표						
이 달의 목표를 바탕으로, 이번 주에 내가 할 수 있는 단 하나는 무엇인가?						
하루의 목표						
이번 주의 목표를 바탕으로, 오늘 내가 할 수 있는 단 하나는 무엇인가?						
지금의 목표						
오늘의 목표를 바탕으로, 지금 당장 내가 할 수 있는 단 하나는 무엇인가?						

________ 학과 ________ 학번 ________ 이름

리더십 명언

1. 나의 일은 사람들을 다정하게 대하는 것이 아니다. 내 일은 나와 함께하는 위대한 사람들을 다그쳐서 그들이 한층 더 발전하도록 하는 것이다.

   \- 스티브 잡스

2. 어떠한 일을 해내는 가장 효과적인 방법은, 그 일을 하는 것이다.

   \- 아멜리아 어하트

3. 혼자서 모든 일을 다 하려하나 모든 공을 독식하려는 자는 위대한 지도자가 될 수 없다. - 앤드류 카네기

4. 이제 탁월한 리더십의 핵심은 권위가 아닌 영향력이다. - 켄 블리차드

5. 행동에는 말로는 다할 수 없는 위대한 파급력이 있다. -스피븐 코비

6. 두려움은 홀로 감당하고, 용기는 다른 이들과 나누라.

   \- 로버트 루이스 스티븐슨

7. 리더가 되고싶다면, 강해지되 무례하지 않아야 하고, 친절하되 약하지 않아야 하며, 담대하되 남을 괴롭히지 않고, 사려가 깊되 게으르지 않고, 겸손하되 소심하지 않고, 자신감을 갖되 거만하지 않고, 유머를 갖되 어리석지 않아야 한다. - 짐 론

8. 일확천금을 바라지 말라. 비상하고 싶다면, 당신의 열정에 가진 모든 힘을 쏟아부으라. - 오프라윈프리

9. 일을 제대로 하는 것을 두고 효율적이라고 한다. 한편 효과적이라는 것은 유효적절한 일을 하는 것을 말한다. - 피터 드러커

10. 세상을 밝게 하는 두 가지 방법이 있다. 하나는 불을 밝히는 초가 되는 것이고, 나머지 하나는 빛을 반사하는 거울이 되는 것이다. - 에디스 워튼

11. 사람을 돌보라. 그러면 그들이 사업을 돌볼 것이다. - 존 맥스웰

12. 문제는 나를 움직이게 하는 사람이 아니라, 나를 멈추게 하는 사람이다. - 얀 래인

13. 탁월한 리더는 자신을 따르는 자들의 자존감을 고양하기 위해 갖은 노력을 다한다. 스스로를 믿는 사람들은 놀라운 일을 해낸다. - 샘 월튼

14. 해냈다는 것은 완벽을 기하는 것보다 훌륭한 일이다. - 셰릴 샌드버그

15. 리더십은 사람들에게 효과적인 아이디어를 널리 퍼트릴 수 있는 기반을 제공하는 기술이다. - 세스 고딘

16. 리더의 첫 번째 책임은 현실을 파악하는 것이다. '고맙다'고 치하하는 것은 가장 마지막에 해야 하는 일이다. 그리고 그 모든 중간 과정에서 리더는 마치 하인과 같은 존재이다. - 막스 디프리

17. 자기 자신은 머리로 다스리고, 다른 이들은 가슴으로 대하라. - 엘리너 루즈벨트

18. 리더십은 비전을 현실로 구현해내는 능력이다. - 워렌 베니스

19. 사물을 관장하라. 그러면 사람을 다스릴 수 있다. - 머레이 호퍼

20. 미래를 예측하는 가장 확실한 방법은 미래를 창조하는 것이다. - 알란 카이

참고문헌

권혁우(2017). 감사개입이 대학생의 취업스트레스 및 정신건강 변인들에 미치는 효과와 매개변인으로서의 삶의 의미. 한림대학교 석사학위논문.

김교헌 외(2013). **젊은이를 위한 정신건강**. 서울: 학지사.

김동일 외(2014). **청소년 상담학 개론**. 서울: 학지사.

김미령(2008). **청년기의 정체성 혼란과 우울, 불안, 강박과의 관계**. 파주: 한국학술정보(주).

김이영, 배헌석, 이우언(2016). **인간이해를 위한 심리학**. 파주: 양성원.

김정호, 김선주(2010). **스트레스의 이해와 관리**. 서울: 시그마프레스.

김종운(2017). **만남 그리고 성장을 위한 인간관계 심리학** 2판. 서울: 학지사.

노안영(2007). **상담심리학의 이론과 실제**. 서울: 학지사.

디지털중독연구회(2015). 인터넷 중독의 특성과 쟁점. 서울: 시그마프레스.

박혜경(2017). 대학생의 생활스트레스가 스마트폰중독에 미치는 영향: 회복탄력성의 매개효과. 동신대학교 석사학위논문.

백기복, 신제구, 김정훈(2016). **리더십의 이해**. 서울: 창민사.

서영근(2016). **셀프리더십 : 성취와 행복을 이루는 사람들의 5가지 역량**. 고양: 좋은땅.

송인섭(1998). **인간의 자아개념 연구**. 서울: 학지사.

심은정 외(2015). **20대를 위한 심리학**. 서울: 숭실대학교 출판부.

안윤희(2017). 병원코디네이터의 감성지능, 셀프리더십이 고객지향성에 미치는 영향 : LMX의 매개효과 분석. 중앙대학교 석사학위누뮤.

알베르트 반두라 편저(2004). **변화하는 사회 속에서의 자기효능감**. 윤운성, 정정옥, 가경신 공역. 서울: 학지사.

원호택, 박현순, 권석만(1995). 한국판 공황장애 척도의 개발연구. 한국심리학회지: 임상, 14, 95–110.

유영달 외(2016). **인간관계의 심리 –행복의 열쇠**. 서울: 학지사.

이소라(2017). 대학생의 셀프리더십과 사회적지지가 자기주도학습능력에 미치는 영향. 숭실대학교 석사학위논문.

이재희, 임영수, 김미선, 박연희, 김경진(2017). **의사소통능력**. 파주: 양성원.

이창호, 금명자(2014). **상담연습교본**(제4판). 파주: 범문사.

이태연, 이인수, 정기수, 최명구(2006). **인간관계의 이해**. 서울: 신정.

이희연(2015). 청소년 우울증상의 성차와 지속에 대한 인지취약성의 영향: 6개월 종단 연구. 숙명여자대학교 박사학위논문.

정경호(2016). **혼자 강해지는 힘! 셀프 리더십**. 서울: 리텍콘텐츠.

정옥분(1998). **청년발달의 이해**. 서울: 학지사.

정진선, 문미란(2012). **인간관계의 심리**(제3판). 서울: 학지사.

정진선, 문미란(2012). **인간관계의 심리 -이론과 실제-**. 서울: 시그마프레스.

중앙자살예방협회(2017). 보고 듣고 말하기 매뉴얼.

차영민(2017). 대학생 생활스트레스와 심리적 안녕감이 대학생활 적응에 미치는 영향. 동아대학교 사회복지대학원 석사학위논문.

최선정, 박경희, 이은희(2017). **NCS 직업기초능력 의사소통 능력**. 서울: 오성미디어.

최정윤, 박경, 서혜희(2015). **이상심리학** 제3판. 서울: 학지사.

충청북도교육청(2009). 인터넷 중독의 이해와 지도교사용 e-book.

한국정책연구원(2014). **청소년심리학**. 파주: 교육과학사.

한상수(207). 고등학생 인터넷 중독 예방을 위한 집단상담 프로그램의 효과. 석사학위논문, 충남대학교.

허혜경, 김혜수(2010). **청년발달**. 서울: 학지사.

현성용 외(2014). **현대 심리학 이해** 2판. 서울: 학지사.

Albert Bandura(2007). **자기효능감과 삶의 질**. 박영신, 김의철 역. 서울: 교육과학사.

AT&T 경영교육원(1999), 성공을 위한 코칭. AT&T 경영교육원.

APA(2017). DSM-5 우울장애(DSM-5 Selections). 서울: 학지사.

APA(2018). DSM-5 정신질환의 진단 및 통계 편람. 서울: 학지사.

John C. Fleming(2013). 중독 예방과 상담: 자녀의 약물과 알코올 중독 예방을 위한 부모 지침서. 서울: 하나의학사.

Marianne Miserandino(2014). **최신 연구에 기초한 성격심리학**. 정영숙, 조옥귀, 조현주, 장문선 공역. 서울: 시그마프레스.

Schater, Gilbert, Wegner(2016). **심리학 입문** 제2판. 민경환, 김명선, 김영진, 남기덕, 박창호, 이옥경, 이주일, 이창환, 정경미 공역. 서울: 시그마프레스.

STEVE R. BAUMGARDNER, MARIE K. CROTHERS(2011). **긍정심리학**. 서울: 시그마프레스.

Windy Dryden(2016). **합리적 정서행동치료**. 유성진 역. 서울: 학지사.

저 / 자 / 소 / 개

■ 심호규

서울여자대학교 심리치료학 박사
공군 보라매리더십센터 교수
상담심리사 1급(한국상담심리학회, 한국상담학회)
청소년상담사 1급(여성가족부)
전, 사과나무심리상담센터 소장
전, 춘천교육대학교 초빙교수

■ 황혜원

숙명여자대학교 대학원 교육학 박사(상담 · 교육심리 전공)
가톨릭관동대학교 베름교양대학 조교수
정화예술대학교 교양과정부 조교수
현, 공군 보라매리더십센터 교수

[개정판] 대학생을 위한

자아성장과 심리

1판 1쇄 발행 — 2018년 3월 5일
2판 1쇄 발행 — 2021년 3월 5일

저　　자 - 심호규 · 황혜원
발 행 인 - 강 철 원
발 행 처 - 양 성 원
주　　소 - 경기도 파주시 검산로 173번길 29-20
전　　화 - 031-946-3861(代)
팩　　스 - 031-946-3864
이 메 일 - tnwpub@naver.com
홈페이지 - tnwpub.co.kr
출판등록 - 2015년 8월 31일 제 2015-000211 호

ISBN 979-11-6126-361-8

정가 17,000원